讲故事 说出销售力

story and sales force

房铭 著

中国商业出版社

图书在版编目（CIP）数据

讲故事，说出销售力 / 房铭著 . —北京：中国商业出版社，2015.1

ISBN 978-7-5044-8832-9

Ⅰ.①讲… Ⅱ.①房…Ⅲ.①销售学—通俗读物Ⅳ.① F713.3-49

中国版本图书馆 CIP 数据核字（2015）第 014316 号

责任编辑：朱丽丽

中国商业出版社出版发行
010-63180647　www.c-cbook.com
（100053　北京广安门内报国寺 1 号）
新华书店总店北京发行所经销
北京毅峰迅捷印刷有限公司印刷
*
710×1000 毫米　16 开　14 印张　195 千字
2015 年 8 月第 1 版　2015 年 8 月第 1 次印刷
定价：32.00 元
* * * *
（如有印装质量问题可更换）

前言
Preface

常言道:"得销售者得天下。"每个企业都需要一些从事市场销售的人员,但是,优秀的销售员一定要有强大的销售力。那么,销售员的能力从哪里来?

乔·吉拉德几乎是无人不知、无人不晓的推销员,他因售出13000多辆汽车而创造了商品销售最高纪录被载入吉尼斯大全。他曾经连续15年成为世界上售出新汽车最多的人,其中6年平均每年售出1300辆,从而成为推销界的至尊典范。因推销保险而闻名世界的原一平其貌不扬之人,书写的保险推销纪录至今无人能够问及。华人首富李嘉诚,从小就因家境不幸而投身于推销事业,在此期间不仅取得了巨大的成就,同时也为其后来的成功奠定了基础,积累了丰富的经验。

推销界的成功人士无法一一列举，他们缘何取得如此巨大的成就呢？这是因为他们自身具备了较高的推销素质，磨练出了很强的推销意志，不断总结着自己的推销经验。

对销售学知识和技巧的熟练掌握，对于销售人员来说无疑是非常重要的。没有销售学知识作为根基的销售，在界内只能被视为投机。当然一次成功的推销也并非是偶然发生的事情。俗话说：成功留给有准备的人。成功的过程更需要我们精心准备，而这最后的成功是衡量一个销售人员销售学知识运用的结果。推销完全是常识的运用，只有将在实践中所证实的技巧和观念运用在销售上，才能得到意想不到的结果。

本书从实战需求出发，先举出经典的案例，然后阐述销售素养、口才、宣传、拜访、做渠道、推销技巧、服务客户、回款和客户管理等销售过程中的作用和技巧，让阅读本书的人获得超强的销售能力。

目 录
Contents

第01章　提高素养：先做好自己，再去做销售员

约瑟夫的保险大单：好态度是销售的关键　／ 3

销售员李能的选择：要把顾客当作上帝　／ 5

郭先生的手机：拥有博爱之心才是好销售员　／ 7

35个紧急电话：真诚是推销的金钥匙　／ 9

克洛里的智慧：保持谦虚的服务态度做销售　／ 11

索尼公司的要求：销售需要熟练的专业技能　／ 13

小天鹅的承诺：运用正确的销售礼仪　／ 14

第02章　接待客户：让每一个客户满意而归

苏州蓝天大酒店：接待客户前要准备好　／ 19

苏宁电器的家电销售：预知客户的需求　／ 21

最优秀的业务员：制定有效的工作目标　／ 24

华尔街的快餐饮食店：满足客户的期望值　／ 25

沃尔玛邀你去喝茶：迅速适应客户要求 / 28
普罗默斯公司的规定：努力平息客户的不满 / 30
美女业务员：巧妙地应对不良客户 / 32

第03章　拜访客户：快速抓住你的新客户

销售员刘辉的一次拜访：用精彩的开场白吸引客户 / 37
拜见乔治先生：拉近与新客户的心理距离 / 38
拿破仑·希尔的经历：靠热情去征服新客户 / 41
一个销售员的第13次拜访：用执着去打动新客户 / 43
理查德搞定大银行：拿出自己的核心竞争力 / 44
优秀的员工S：用积极主动去赢得客户的认同 / 47

第04章　推销口才：好销售员要有一副好口才

年轻的妈妈买保险：运用语言的技巧 / 53
一声不吭的推销员：少说多听，沉默是金 / 54
一句话促成的生意：煽动性语言产生的奇效 / 57
小徐说"不"的技巧：学会拒绝你的客户 / 58
网络咨询公司：有效使用提问技巧 / 61
一次成功的电话营销：规范电话服务用语 / 63
给客户打个电话：控制流程还要把握技巧 / 65
伯恩斯坦的谈判策略：谈判的赢者有道 / 69

目录

第05章　产品宣传：不怕卖不掉，就怕不知道

王府井大街的洗衣机：产品展示，实证说服　/ 75
被医生拒绝的老销售员：最具说服力的是质量可靠　/ 77
多个盒子就好卖：运用新颖的包装扮"靓"商品　/ 79
吉列公司的"荒唐"举动：具体地介绍新产品的特点　/ 81
摩托罗拉手机广告：产品好广告策划也要好　/ 83
《化妆舞会》的首发式：巧妙制造悬念　/ 85
王小石的面馆：让顾客看见就是最好的广告　/ 88
日本SB公司：找到激起顾客强烈反应的焦点　/ 89

第06章　了解顾客：销售人员要懂得顾客心理

大卫的名牌战术：懂得男顾客都爱面子　/ 93
戴卫的高帽子：给予对方荣耀感以赢得交易　/ 95
明星也穿这衣服：人人都有从众心理　/ 97
日本的自行车销售：抓住顾客的怀旧心理　/ 99
买貂皮大衣的女人：顾客都有占便宜的心理　/ 102
超市的推销员：让价廉软化客户的心　/ 104
酒店的不速之客：给对方一顶高帽子　/ 106

第07章 推销技巧：这样去卖才会有人来买

推销化妆品的玛丽：用赞美来赢得女人的购买欲 / 111
售出20栋尾房：抓住关键的时间和场合 / 113
教授的好主意：逆向推销更能吸引顾客 / 116
卖房子的房产商：私交增进信任度 / 117
"芬克斯"酒吧：靠信誉赢得客户 / 120
拉姆的艰巨推销：家丑不妨外扬一下 / 121
约翰逊的推销术：用小礼物赢得对方好感 / 123

第08章 渠道为王：最强的销售就是做渠道

脑白金和蒙牛：一定要创造"渠道霸权" / 127
业务发展总监范登堡：采用直复营销 / 129
惠普公司的成功：运用经销制分销渠道 / 132
捷威成功进入中国：给自己选择一个好代理 / 134
戴尔的"变脸"：零售不是"落后"销售方式 / 135
麦当劳的经营模式：采用加盟连锁的方式做大 / 137
基恩爱公司的"夕阳美"：直接营销能深入市场 / 140

第09章 市场竞争：销售是场攻城略地的战斗

老牌纺织服装企业：找到入口切入市场 / 145
雅马哈摩托车公司：选择正确的营销策略 / 146

获得优势的华为：确定自己的对手是谁 / 148
"吉列"剃须刀：好的防御是最好的扩张 / 150
欧莱雅亚洲区总裁：只有进攻才能占领市场 / 152
方太厨具：追随市场甘当老二 / 155
九阳的小家电：找到市场的空白点 / 157
9.9元"新飘柔"：价格市场竞争的"工具" / 159
戴尔和索尼的合作：和竞争者双赢 / 161

第10章 解决问题：决不把问题留给客户

特种化工企业：把握客户需求安排工作 / 165
EMC鲁特格斯：提出适当解决方案 / 166
晚点的西南航空公司：巧妙获取服务主动 / 169
小熊的销售经验：与各部门积极配合 / 170
老两口买房子：服务客户，满意为上 / 172
菲律宾的饭店：高效地处理投诉 / 174

第11章 保证回款：一分不少地拿回你的钱

张先生的回款术：找到原因回款就不难 / 179
赵老板的10万回款：抓住重点双管齐下 / 182
经销商在耍赖：应对呆赖，清除障碍 / 186
食品公司的三大措施：把握自身做好回款 / 189
冰箱销售代表的改变：拉近关系好回款 / 193

第12章 客户管理：和客户关系越好，销售越给力

IBM客户服务中心：对客户的追踪调查 / 199

华源祥商贸有限公司：建立客户回访机制 / 201

微软的客户服务系统：有一个完善服务的反馈系统 / 203

吉拉德的顾客档案：赢得回头客的技巧 / 205

中国建设银行：对大客户的特殊服务 / 207

没有结束的销售：售后跟进，客户持久 / 209

奇瑞公司的服务：对客户服务品牌化 / 212

第01章

提高素养：
先做好自己，再去做销售员

掌握了销售常识和技巧，是不是就能做一个好销售员？告诉你，掌握销售常识和技巧只是做销售员的基础，要想做一个好销售员，还要注重提高自身的素养。成功的销售员在销售过程中与顾客建立一种友善关系，并且在销售活动中逐渐加深这种关系。当你赢得顾客好感时，顾客也就自然愿意接受你的建议。

约瑟夫的保险大单：好态度是销售的关键

一个深秋的上午，约瑟夫走进纽约一家大商店的办公室。这家商店是一个名叫法兰克的老人创办的，约瑟夫打算向他推销保险。法兰克的秘书斯塔说："我们老板很忙，你预约了吗？"

约瑟夫回答说："没有，不过，你们老板曾向我们公司咨询过，我是给他送材料的。"

斯塔说："你来的不是时候，我们老板的办公室里已经有三个人在等着谈事。"

正在这时，法兰克先生走了出来，斯塔便说："老板，这位先生要见您。"

法兰克说："是你吗？年轻人？"

"法兰克先生，我叫约瑟夫，您曾向我们公司要一些材料，现在，我给您送来了。这里面有您签名的名片。"

"年轻人，贵公司之前答应给我准备一些商业文件吗？但是你给我的并不是我所需要的材料。"

"法兰克先生，其实，那些商业文件并没有让我们公司的业绩上升。但正是这些商业文件为我们提供机会和您见面。请允许我占用您宝贵的时间，为您详细介绍一下人寿保险，可以吗？"

"但是我现在真的很忙，还有三个人等着呢，现在谈人寿保险简直是浪费时间！"

约瑟夫诚恳地说："法兰克先生，像您这样事业有成的人，在事业或家庭之外肯定有些别的兴趣，您是否想过等您百年之后，由您资助的事业就无法正常维持下去了？"他一边说着一边看着法兰克先生。法兰克没有回答他的问题，但等着他继续说下去。

"法兰克先生，通过我们的计划，不论您是否健康，您资助的事业都将会维持下去。几年之后，如果一切都没有问题的话，您以后的每个月都将会收到6000美元的支票，直到您去世。这将是一大笔钱。如果您不需要，可以随便处置，如果您把它送给需要的人，那可真是雪中送炭！"法兰克先生抬腕看了看表说："如果你能等一会，我很愿意问你几个问题。"

大约15分钟以后，法兰克先生让约瑟夫进了他的办公室。

"约瑟夫先生，刚刚你所提到的慈善事业，我资助了3名尼加拉瓜的传教士，所以每年的花费也很大。你刚刚说如果我买了保险，那3名传教士在我死后依旧能够得到资助，并且，我每月还可以得到6000美元的支票，那么我将要花多少钱？究竟是怎么回事？"

"7260美元。"

"不，我花不起那么多钱。"

接下来，约瑟夫没有直接说服他，而是把话题引向了他的兴趣所在，关切地问他传教士的事情。他很乐意地回答着。他告诉约瑟夫，他一直没有机会去看他们，这件事由他在非洲的儿子和亲戚来照应，他打算今年秋天去非洲看那3个人。

约瑟夫耐心地听完他的讲述，说道："法兰克先生，您去非洲时是否要见您的独生子？现在您应该做出妥善的安排。您还可以顺便告诉那3个人您为他们所做的一切，这样的话，所有的人都会感谢您，并赞扬您，甚至把您的事告诉给下一代人。"

终于，法兰克被约瑟夫说服了。他买了7260美元的保险。

约瑟夫把那张7260美元的支票紧紧地抓在手里，走出办公室，他激动得简直要飞起来了。回公司的路上，约瑟夫像做梦一样，就在一年前，约瑟夫还发愁能否找到一份养活自己的工作，可如今，约瑟夫竟推销出去了公司有史以来最大的一笔保险。

被拒绝对于销售员来说是司空见惯的，任何一位推销员被拒绝的时候总比被接受的时候多。关键是在被拒绝时，应采取什么策略才能避免无功而返才是最重要的。是直截了当地陈述不要拒绝的理由呢，还是婉转地转移话题"绕道而行"呢？

约瑟夫后来在一次推销大会上演讲时说："我之所以能做成那笔交易，是因为我把握住了法兰克先生内心最需要什么。当时，他很坚决地拒绝我时，我并没有失望，我从他的眼神中知道，他并不是付不起那笔钱，而是觉得自己年龄大了，不需要太多的费用，而我采取了柔和的态度，用诚恳的言语婉转地去寻找足以打动他的理由，终于，我发现他有一颗善心，热衷于慈善事业。刚开始和他交谈时，他几次回绝我，但是最后还是被我的态度所感动，我慢慢接近了他的内心世界，所以我成功了。当然，我精心地给他制做了一份材料，在后来的日子里，我一直关心着他对慈善事业做出的贡献，我们现在就像朋友一样，无话不谈，偶尔，我还要去拜访他。我有一个朋友是电视台主持人，我还把法兰克先生推荐过去当了嘉宾呢。"

原国家足球队教练米卢有一句名言："态度决定一切。"当你对顾客束手无策时，不妨用最柔和的态度去挖掘他们心底最强烈的需求，并诚恳地设法满足他们的这种需求。那么，那种"不可实现的目标"就会消失在你柔和、诚恳的态度中。

销售员李能的选择：要把顾客当作上帝

销售员王俊和李能两人先后到赵经理那里去推销自己公司的产品。王俊先去的，他一看到赵经理就迫不及待地介绍自己的产品如何如何好，如果不购买的话就是赵经理的损失。这样的话不但没有引起赵经理的兴趣，反而引起赵经理的不满，于是他毫不客气地将王俊轰出门外。

等李能来时，赵经理知道他和王俊推销的是同一种产品，本来没有见他的打算，但是又想听听他的说法，于是就请李能来到自己的办公室。和王俊不同的是，李能进来后并没有立刻介绍自己的产品，而是感谢赵经理在百忙之中会见自己，接着还说了一些赞美和恭维的话，最后简单地介绍了自己的产品。但是赵经理自始至终的表情都非常冷淡，这让李能觉得这笔生意没有希望了，心中难免有点失落。尽管如此，他还是很客气地对赵经理说："虽然这笔生意没有成功，但还是非常感谢您愿意给出这宝贵的时间，可惜我的能力太差没有办法说服您。不过在告辞之前，还是希望您能够指出我的不足，以便给我一个改正的机会，好吗？谢谢您了！"

这时，赵经理微笑着站起来拍拍李能的肩膀，笑着说："哈哈，不要着急走，看你的态度如此诚恳，我已经决定要买你的产品了。"

为什么两人介绍同样的产品，但是结果却截然不同？这就是一个满足客户心理需求的问题。王俊只顾着介绍自己的产品，忽略了对客户最起码的尊重，李能面对赵经理的冷淡，依然很有礼貌，走之前还不忘向赵经理请求指教，这让赵经理感受到了足够的重视，从心里对李能表示认同，自然而然就达成了这笔交易。

想要成为一名合格的销售员，要清楚地明白一点：无论任何时候对于销售员来说，顾客都是上帝。要想得到顾客的认同，博得顾客的一笑，首先就要把顾客当成上帝一样伺候，也要弄清楚顾客的想法，让他们感觉自己就像被上帝一样伺候着。

每个人都不希望自己被人轻视，顾客也是如此。销售人员要学会在适当的情况下说一些反面的话来刺激顾客，从而激发他们的自尊心。这样才可能让顾客碍于面子买下最贵的产品，以此告诉别人他是不可被轻视的。

有头脑的销售员往往故意先向顾客推荐档次较低的商品，"先生，这款产品很实惠并且也是最便宜的一款"，顿时让顾客心里感觉被轻视，到最后反而会买下高档的款式。此时销售员再说一些赞美的话，例如："这款最适合您不过了""您真有眼光"。这样不仅能够使双方愉快地达成交易，而且顾客还会再次光顾。

但是有的时候也不免会遇见很难缠的顾客，他们往往会提出各种很挑剔的问题，问了很多最后却转身离开，有的时候也并非不想要你的产品，只是为了满足自己是上帝的想法而已。对于向顾客推销的产品，推销员自己必须要有一个非常清醒的认识，要明白任何产品都不是十全十美的，要想到顾客总会挑出很多的毛病。以自我为中心的想法一直存在于顾客的心中，或许哪次头脑发热就会从产品中挑出毛病大做文章。在这些上帝看来，推销员应该满足他们所有的要求，他们只考虑自己的利益，根本不会考虑推销员的难处。如果客户的要求合理，当然是可以应允的，但是如果不合理的话，那么就必须用一些推销的技巧来应付了。

郭先生的手机：拥有博爱之心才是好销售员

郭先生在三联家电网上商场订购了一部西门子6618手机，并要求尽快送货。当服务人员接到订单时，商品已售完，这是常见的情况，更何况是在手机的销售旺季。服务人员及时把情况通报给郭先生，并热心地为其推荐了其他商品。但非常喜爱那款手机的郭先生还是非常惋惜地取消了订单。

两天后，服务人员在处理订单时发现这一款手机已进货，于是便迅速查询到郭先生的信息，拨通了郭先生的手机："郭先生，您好。我们是三联家电网上商城，2月13日您订购的西门子手机因无货而取消，我记得您很喜欢这款手机的英汉词典的功能，现在这款手机已到货，不知您是否还需要？"那边很快传来郭先生激动的声音："太感谢了，需要！需要！我现在外地，手机是送给朋友的，让他去取吧！"

服务人员说："好的，那请把您朋友的地址和姓名告诉我们吧！这样我们就可以把货送到您的朋友家了。"郭先生对服务人员说："不好意思我还有个请求，送货人员把货送到我朋友家时，能不能代我说一声'生日快乐'？这是我送给朋友的生日礼物。"服务人员说道："当然可以，我们一定代您把祝福送到。"

小件送货工张师傅接到任务后，很小心地将商品包好，冒雨将商品送到顾客家，并转达了郭先生的祝福。几天后，服务人员接到了顾客的感谢电话。

现在，那份订单已成为许多"交易成功"的订单中的一部分。但服务人员深深知道，正是每一个凝结着服务人员热忱的"交易成功"订单，给商场赢来了每月几千单的交易。

服务是附着在商品上的无形的价值，需要精益求精地创造。随着信息时代的到来，B2B电子商务发展得非常迅猛。"鼠标一点，商品到家"这只是一种方便消费者的经营方式，而要满足顾客的需求，得到消费者的认可，则需要服务人员将地面商店的优质服务移植到网上商城，并在那里发扬光大。因为每一个人都深知在顾客点击鼠标后自己担负的重要责任。所以在为顾客服务时，在冷冰冰的荧屏前献上一颗主动、热情的心，成了网店服务人员自觉的也是必须的选择。

一些营销专家曾经提出"亲和力是一种感情量度，一个人的亲和力能够体现出使人愿意亲近的程度"。客户服务是需要经常和人打交道的一个行业，如果服务人员在向顾客介绍产品时能体现出更强的亲和力，能够让顾客觉得容易亲近、富有同情心，就更容易赢得客户的心，从而促成交易。

服务人员要充分地掌握必要的专业知识，同时积极培养自己的情商也是非常重要的。也就是说，要做到不仅仅是为了工作而和客户打交道，对客户的关爱应该是发自内心的，把客户当成自己的朋友甚至亲人。如果能让客户领悟到你对他的这种感情，那么带来的影响要远远大于口若悬河似的介绍。

服务人员有时不免会遭到客户的怀疑和拒绝，对客户多一点关爱和同情的作用远远大于对产品的介绍，这点是毋庸置疑的。比如，在做客户问卷调查的时候，经常听到客户这样反映："我之所以一直喜欢到这里买东西，是因为这里的服务人员让我感觉很舒服，对人很好，虽然他们说的话不多……"

亲和力是销售员和顾客交往的桥梁，起着很重要的作用。亲和力并不是天生的，而是通过平时的努力训练获得的。此外，服务人员必须做到对客户富有同情心。做到真正的"急客户所急，想客户所想"，把客户当成自己的家人一样。否则，就很容易给客户留下不好的印象。

在对客户的关爱上，要始终坚持"一听、二看、三行动"。要用心聆听客户，很多客户都是通过别人介绍而来的，对这些介绍而来的客户，要多了解他们的信息。通过多倾听客户的话来收集信息，了解客户的真正需求，并积极思考自己能在什么方面满足客户的需求，有什么是自己能帮得上忙的地方。

但光听是还不够的，在与客户的不断接触中还要多看，看客户的一言一行，看客户的反映，这样也能收集到很多有用的信息。要想把对客户的关爱落到实处，就必须从点点滴滴的小事做起，真正为客户着想，用真诚关爱客户，从而拉近彼此的距离，用真心换取客户的信任。

35个紧急电话：真诚是推销的金钥匙

一天，东京奥达克余商场的售货员面带微笑地接待了一位美国女顾客，她是来买电唱机的。售货员给她拿了一台未启封的"索尼"牌电唱机，后来售货员清理商品的时候感觉不对劲，原来她卖给那位美国女顾客的是一个空心电唱机货样。于是，她立即向公司的有关负责人报告了这件事，负责人接到报告后，觉得事关顾客利益和公司信誉，非同小可，马上召集有关人员研究。公司也在四处寻找那位女顾客，但是依然没有找到。

公司只知道女顾客是一位美国记者，名叫基泰丝，还有就是她留下的那张"美国快递公司"的名片。根据这些仅有的信息，奥达克余公司公关部连夜开始了类似于大海捞针的寻找。首先打电话向东京各大旅馆查询，在毫无结果的情况下又打国际长途，最后查出基泰丝父母在美国的电话号码。紧接着又打国际长途，最后找到了基泰丝的父母，得知基泰丝在东京的住址和电话号码，几个人忙了一夜，一共打了35个紧急电话。

第二天一早，基泰丝接到了奥达克余公司的道歉电话。奥达克余公司的副经理和公关人员，随后赶到了基泰丝的住处。两人进入大厅，见到基泰丝就深深地鞠躬："由于售货员的疏忽给您带来不便，我代表公司对您表示深深的歉意。为了补偿您的损失我们带来了一台新的合格的'索尼'电唱机，另外加送著名唱片一张、蛋糕一盒和毛巾一套。"接着副经理向她介绍了如何通宵达旦地查询她的住址及电话号码，以及这一失误的全部过程。

基泰丝很是感动，她坦率地说这台电唱机是准备送给东京外婆的见面礼。但是买回来打开后发现，唱机没有装机心，根本不能用。当时，她很是生气，觉得自己上当受骗了，立刻写了一篇为《笑脸背后的真面目》的批评稿，准备第二天到奥达克余公司兴师问罪。但使她意想不到的是，为了一台电唱机，奥达克余公司花费了这么多的精力，以挽回对顾客造成的损失，这使得基泰丝备受感动。她将批评稿撕毁，用《35个紧急电话》的特写稿取而代之。

《35个紧急电话》这篇文章发表后，奥达克余公司一心为顾客的精神引起了广大顾客的强烈反响，从此声名远扬。后来，奥达克余公司的这个故事被美国公共关系协会推荐为世界性公共关系的典范案例。而基泰丝也成了奥达克余百货公司的坚决拥护者。

真诚对待顾客，表现在每一个细微之处，这是销售公关工作的核心理念。从上例中我们不难看出，认真对待每一位顾客，真正做到想他人之所想，急他人之所急，把顾客当成自己的家人，在很大程度上是会赢得顾客的谅解和回报的。用这种精神去对待每一位顾客，新顾客就会自动加入到老顾客的行列中来。

真诚，就像催化剂一样，它能让人赏心悦目，同时它也像太阳一样，能使一个人的前程充满希望的阳光。

顾客就像你的朋友一样，要不断地交流感情、沟通心灵，要时刻掌握对方的渴望和需求。当你得知他有需求的信息时，要不失时机地抓住他的心理,向他介绍你的最新产品。但是,有别于新顾客的是你必须表现出你坦诚的心胸,拿出对朋友和家人的那种真诚来。

随着市场的不断开放和竞争的日益激烈,服务者的冷面孔越来越少了,服务态度和水平也有了明显的提高。但是为什么还会出现"几家欢喜几家愁"的市场局面呢?这就体现在一些商家的服务态度和质量是否过硬上。

"待人以诚"这一古老的处世格言,仍旧适用于21世纪的市场销售。那些从来不顾及客户的利益,靠蒙骗和不负责任的做法暂时拉住客户,无异于杀鸡取卵,将难以维系长久的客户关系。

克洛里的智慧:保持谦虚的服务态度做销售

一天,纽约市某著名木材公司的推销员克洛里接到一个客户的投诉电话说,他们运过去的大部分木材都是不合格的,所以打算退货。

接到电话后克洛里立即赶到了工厂,经过调查后,发现是客户的检验标准出了问题,克洛里并没有和客户说是他们的检验出了问题,只是反复强调今后自己的货能够满足工厂的质量要求,由于克洛里的态度非常友好而且还虚心地请教,对方的态度慢慢地缓和了下来。

就在这时候,克洛里小心翼翼地提醒了几句话,使对方的检验员自己觉得:我所挑出来的木材有可能是合格的;并且按照合同规定的价格,只可以提供这种等级的木材。

慢慢的,检验员的态度完全改变了。他也坦率地承认自己检验白松的经验不是特别多,并问了克洛里一些技术性问题。这时克洛里才谦虚地向他解释为什么木材全都符合标准。克洛里边解释边强调,如果检验员认为不合格的话还是要换的。

这时检验员才醒悟,自己所认为"不合格"的木材,原来都是自己搞错了，自己把木材的等级弄错了，按照合同的规定，收到的这批货是合格的。最终，克洛里理所当然地收到了一张全额支票。

　　销售人员与客户为了产品的质量问题彼此之间经常出现意见方面的分歧，最重要的是如何正确地处理这些分歧。这就需要销售人员有很好的心理素质，出现分歧时不要当面指责客户，克洛里这件事就是一个很好的示例。克洛里不仅挽回了这笔生意，而且还与这家公司建立了良好的信誉关系，这点是不能用金钱所衡量的。

　　在与人交往时保持一颗谦虚的心是非常重要的。但对于专业知识很强的销售人员来说，往往就什么都是以自我为中心，以为自己什么都会。总是以一种高高在上的态度，以为客户的话都是外行话。在你熟知的领域，对于客户来说你可能是专家，客户说些外行话也是在所难免的。如果在客户面前炫耀自己多么的有知识，去揭客户的短，就很容易遭到客户的鄙视，而且这也是服务中很忌讳的事。相反，如果在交谈中能够保持谦虚，将会抵得过你上千次的争辩和游说。

　　在为客户服务的过程中，不免会遇到大大小小的问题。要学会"化干戈为玉帛"，心胸要宽广一点，自己要多多检讨。适当地给客户多留一点面子，只有这样才能营造一个和谐的气氛。

　　销售不仅要有很强的专业知识，而且还要有很高的素养。具体表现为：行为举止要优雅，谈吐要得体、不骄不傲、更不能以貌取人、不要做出当面指责别人的愚蠢行为，要时刻平等谦虚地对待他人。不管客户是贫是富，他们都有一个共同的心理那就是爱面子。因此，在和客户打交道的时候我们应该平等对待，不能够以貌取人，尽可能地做到一视同仁，给足客户"面子"。

　　对于客户来说为他们提供优质的心理服务是非常重要的，在提供服务时要保持谦逊的态度，用和蔼可亲的语气耐心地解释。即使到最后没有达到客户想要的结果，客户也会愉悦地接受，同时给他们留下一个很好的印象。

索尼公司的要求：销售需要熟练的专业技能

随着经济全球化的迅速发展，通过节约物质资源和提高劳动生产率来降低生产成本的做法已是大势所趋，特别是物流领域。

三岛先生是索尼集团公司副总裁兼物流采购公司总经理，一次，他负责和某物流公司开展全球性物流合作谈判。当走进这家公司的大厦时，三岛先生瞬间感觉就像进了一家四星级宾馆……他的脑海里马上蹦出来一个想法：这么豪华的大厦每年的物业管理费用得用多少集装箱运费才能填补？尽管这家公司的招待非常到位，但为了索尼公司的自身利益，三岛先生最终还是决定不与这家公司签约。

现在是一个对"专业"要求越来越高的时代，不但要求生产专业、服务专业，也要求销售专业，而且这些因素在某种程度上已经一体化了，所谓的"销售"专业，不仅仅是把东西卖出去，还包括售后服务水平、日常管理作风、员工自身素质等因素。如果让客户发现这些不能给他们可靠的感觉，他们就有可能认为销售人员及其所代表的企业不可信赖。

作为销售人员所需要接触的知识面是非常广泛的，换句话说服务是一种"综合素质"的竞争，在此竞争中如果没有超强的学习能力和适应能力的话，那么你就无法参与竞争，也将面临着被淘汰的危险。所以，销售人员所面临的不仅仅是学习销售技巧那么简单，而且还需要有举一反三的能力。对于那些故意刁难的客户，都要以积极的态度去面对，以宽广的胸怀去包容，只有这样销售人员才会立于不败之地。

在恰当的时候，运用专业化水平的精确数据说明问题，就能引起客户的重视并增强客户对产品的信赖。如果这些数据原本就不够准确和真实，那么它们原有的意义就会失去。况且，一旦虚假的数据被客户发现了，他们就有充分的理由认为销售人员或企业在欺骗他们。这种印象一旦产生，其后果将不堪设想。

小天鹅的承诺：运用正确的销售礼仪

小天鹅洗衣机在国内最早推出了"一、二、三、四、五"的服务承诺，要求每个售后服务人员为客户上门服务时必须做到。

"一"是指一双鞋，规定每一个上门服务的人员都必须要自备一双专用的鞋以免弄脏客户家的地板，同时留给客户一个专业的形象。

"二"是二句话，上门服务前要介绍清楚，如"我是小天鹅服务员小张"，服务完成离开时，必须留下一句话"很高兴为您服，如今后有什么问题我们随时听候您的召唤"。

"三"是指三块布，一块垫机布、一块擦机布、一块是擦手用的布。垫机布是垫在洗衣机下面的，以免弄脏地板。擦机布是维修任务完成后，擦去洗衣机上的污垢。自带擦手布是考虑到有的客户有洁癖，可能不愿意让外人使用自己的用品。

"四"是不准，不准和客户大吃大喝、不准侮辱和顶撞客户、不准拿客户给的东西、不准乱收费用。这是作为一个服务人员最起码的职业操守。

"五"是五年保修，如果在使用小天鹅洗衣机五年内出现问题，厂家将免费保修。

小天鹅洗衣机所倡导的是每个服务人员在进行服务时，通过言谈举止让客户觉得自己得到了尊重，从而给客户留下深刻的印象，以此与客户建立起良好的关系。以上所提到的这五个承诺体现了服务人员服务的具体过程和手段，从而使无形的服务规范化、有序化、具体化。

服务是销售的一个重要环节，是和客户近距离接触、赢得客户理解、好感和信任的一个重要环节，恰当的交际礼仪是销售人员的必备品质之一。所以在和客户交谈时懂得礼仪是非常重要的。

作为销售人员，如果要想在与客户交谈时塑造良好的交际形象，就必须注意自己的言谈举止，做一个文明的人。因为一个人平时的言谈举止大概可以反映出这个人的态度。所以在与人交谈时应该尽量避免各种不礼貌或者是不文明的习惯。

当服务员上门服务时，应该首先向客户微笑并热情地打招呼；如果在客户事先没有预约的情况下，应该立刻向客户说明来意并表示歉意。在没有得到客户允许的情况下，不要随意进入客户的房间，也不要玩弄室内的东西，更不能随意翻阅室内的书籍，抚摸其他陈设物品。

在站立时，要昂头挺胸，上身要保持稳定，双手垂直放在两侧，身子不要侧歪在一边。当客户起身要走时，你也应该同时起身；当与客户第一次见面时，言谈举止要得体，告辞时要不慌不忙。

销售人员在接待客户时，客户没有坐下之前，销售人员千万不要轻易坐下，因为那样是非常不礼貌的，也是对客户的一种不尊重行为。坐下时，销售人员也要保持正确的坐姿，比如有的人喜欢跷"二郎腿"，这是非常不好的习惯。还有就是销售人员不要当着顾客的面随地吐痰、挠痒、掏耳朵、啃指甲、打喷嚏等。如果实在是忍不住的话要用手捂住嘴巴或者鼻子，朝着一旁，尽量使自己发出的声音小一点。这些虽然都是一些很小很小的细节，但是细节往往决定成败，也正是这些细节构成了销售人员留给客户的印象。

随着科学技术的进一步发展，企业的营销策略、技术、产品很容易被竞争对手所模仿，但是每一位销售人员所代表的公司形象和服务的态度、理念是其他人模仿不了的。换句话来说，在现如今市场经济的大前提下，商品的竞争就是服务的竞争。

销售人员在与客户初次见面时，保持一定的距离是非常重要的。标准的距离是1.5～2米，只有这样双方才不会感到压抑或者紧张，才会有一个良好愉快的沟通氛围，使双方舒服自在，从而使彼此更加信任。在接待客户时，首先要认识到尊重客户就等于尊重自己，并时刻注意自己的行为举止。所以，在服务的过程中既要注意礼貌，又要坚持自己的原则。

销售人员要和不同的客户打交道，因此，不管要面对的客户是谁，都必须热情地对待，不能看客施礼，更不能以貌取人。必须以优质的服务态度去尽心尽力地为他们服务，以此来取得客户的信任，使客户高高兴兴地来，快快乐乐地走。

第02章

接待客户：
让每一个客户满意而归

客户没有来到你的公司之前，对你的公司可能没有多少了解，不信任的心理就会随之产生。因此，这就需要服务人员以各种手段或者方式让客户认同产品，在接待的过程中取得客户的信任，从而促成交易。

苏州蓝天大酒店：接待客户前要准备好

在苏州有一家名叫蓝天的三星级大酒店，长期以来以优质的服务和完善健全的服务网络深深地赢得广大消费者的青睐。自从开业以来，几乎每一位入住蓝天酒店的客人都会成为其忠实的"粉丝"。那么这家酒店到底有什么特别之处呢？

原来，当一些客户准备来苏州之前，只需要打一个电话，说出自己的姓名，酒店都会把一切手续安排得妥妥当当，既方便又快捷。不仅如此酒店有时还会为客户准备一些意想不到的惊喜。

对于那些入住蓝天酒店的熟客，在蓝天的营销部都会有一份详细的客户资料记录，上面清楚地记录着客户的国籍、地址、职业以及个人的喜好或者饮食偏好等等。对于一些入住频繁的客户，甚至他们喜欢摆什么样的花，看什么类的报纸都有详细的记载。

销售是连接企业与客户的"桥梁"和"纽带"，具体工作包括为客户提供信息、解答疑问、处理客户投诉和主动向客户传递相关信息、销售产品（服务）及随时进行信息统计和分析等。销售人员的专业程度直接影响到企业的服务水准和在公众心目中的形象，继而对企业的市场营销、推广产生重要影响。

如果有人问：你在平时听到最多的一句服务用语是什么？那么你的回答肯定是："请问有什么可以帮您呢？"小到小餐厅的服务人员，大到商场的服务员，见到顾客的第一句话都是问"有什么可以帮您的？"

如果客户是带着问题来提问的，而问题却没有得到解决，服务人员反而问有什么需要，客户肯定是非常反感和失望的。因此，作为一个优秀的销售人员，必须本着为客户服务的宗旨，尽可能地满足客户合理的需求。这就需要注意做好客户接待前的准备工作。

在接待客户之前，要确定客户的基本情况，要仔细调查客户的信息，并在面对面交往时根据你的观察发现如下信息：这位客户的基本工作方式是什么？他的收入如何？他对公司的看法如何？他前来寻求服务的目的到了多严重的程度？他爱好什么？

要成功地做到对客户心中有数，其中一个关键要素就是确立清晰的、可以实现的目标。类似"我想改善和这个客户的关系"这样过于模糊的目标，会使你很难确切地达到这个目标。如果你把目标定得更详细些，如"我想在如何与客户解决超时的问题上达成一致"，那么它将会更加有效。

在客户没有到来之前，预先考虑一下你的工作方式和客户的工作方式，将来你可能遇到的问题是什么？最有可能在哪些方面达成共识？通过事先考虑这些问题，你就能进行一次更加成功的接待服务活动。

在与客户准备进行沟通的时候，销售人员一定要做到知己知彼，好的销售人员从来不打无准备之仗，和客户接触前，要仔细地考虑：客户和我的关系建立到何种地步了？客户最关注的是什么？我有说服客户的充分信心和理由吗？在瞬息万变的市场竞争中，哪怕一丁点儿对客户情况的疏忽，对自己来说都可能是致命的。因此，随时要求自己：客户的情况都在我的掌握中。

那么，客户的哪些情况是销售人员必须掌握的呢？除了客户近一段时间的购买状况或消费状况、同客户的合作次数、客户对于产品或服务的特殊要求、客户的满意程度、客户在交易中或交易后的意见和建议。此外，还应该尽可能地多了解一些客户的个人信息，如客户所在行业的客观情况，客户的产品使用情况，客户的工作单位、职业以及职务，客户的专业背景和毕业院校，客户的个人爱好，或者在某方面的专长和突出才能，客户的个人志向，近远期计划，客户的家庭收入状况、薪资水平等。这些虽然属于客户的私人信息，但是，在进行沟通工作时，有必要了解客户的背景，甚至需要非常深入地了解，这样会产生非常大的作用。

必要的时候，可以建立自己的客户数据库，分门别类地保存这些资料便于日后寻找、详细分析，不断地更新。数据库的建立有利于不断地积累客户源，拉近与客户之间的距离，从而对客户有一个深入的了解。在问题出现之后，也方便尽快地解决问题，得到客户的意见和建议，为以后的合作打下坚实的基础。

在业务激烈竞争的环境中，销售人员应该始终把专注于顾客的需求作为自己的工作方向，尊重客户胜过一切。所以，在做接待客户前的准备工作时，必须从以下几个方面严控要求自己，以提高自己在接待中的形象。

要注意观察他人良好的姿势，适当地模仿，掌握一定规律。例如面部表情、肢体语言、手势的正确运用等等都是需要我们详细了解的。要注意接待的整体过程，同时也要遵循"三适"原则，即适合的时间、适合的对象、适合的地点，并且灵活的运用这些技巧。

苏宁电器的家电销售：预知客户的需求

苏宁电器是国内大型的家电销售商，其服务理念在同行业中是很有名的。苏宁服务之"至诚"靠的是持之以恒、始终如一地信守自己的服务理念与承诺，永无止尽地追求客户满意。并且，苏宁电器也会在洞察客户的潜在需求后，尽量满足客户的需求。

春节过后的一天，在下午大概6点左右的时候，服务人员面带微笑地在苏宁的电脑展台前迎来了两位中年顾客。在服务人员细心地解说下他们决定购买一台电脑。但是当服务人员说电脑将会在明天送过去的时候，他们的脸上露出非常惊异的表情并且很难为情地说："因为工作的原因，今天是特地请假来买电脑的，如果明天送的话可能没有时间收货，所以只有在今天送货我们才能购买。"服务人员了解了事情的原委，心想如果让客户就这样离开的话就违背了苏宁的"至真至诚"的服务宗旨，而且客户的这一苦衷也可以理解，最后答应了这一要求。

下班后，当客户看到苏宁按照他们的要求在两小时内送货、并且装配人员把其他的东西都全部安装到位时，当时甚是兴奋，后来他们又带了其他的客户到苏宁去买电脑。

通过这个案例可以看出及时洞察客户的潜在需求有多么重要了。如果客户很了解自己需要什么，但是出于种种原因，又不愿意向服务人员坦诚，这就说明他们有一定的顾虑。这时候就需要服务人员打消客户这些顾虑和他们进行有效的沟通并借此促成交易。

但是在很多情况下客户不愿意向销售人员坦诚自己的需求，虽然之前和客户进行交谈对此应该有一定的了解，可能知道了客户的需求是什么。但是有的时候因为有些顾虑，客户并不是很乐意向你说明。遇到这种情况，作为一名销售人员你会怎么办？与客户争辩，强迫客户承认自己的需求，结果可能使这件事情变得更糟糕。

销售这项工作是需要经常和人打交道的，因为对于销售人员来说要想把商品卖出去，就必须要了解客户的的需求，最后才能交易成功。

但是随着市场机制的不断完善，产品也随之丰富起来，人们的消费心理也在不断地成熟。所以，销售工作也面临着越来越多的挑战。顾客究竟希望得到什么样的服务？顾客为什么希望得到这样的服务？这是销售人员在观察顾客时要不断提醒自己的两个问题。由于多方面的原因会使客户不愿意坦诚地说出自己的需求，而是通过面部表情、语言动作等表现出来。那么，这时就需要及时揣摩顾客的心理。

销售人员必须记住：与客户沟通过程中的一言一行都必须紧紧围绕着特定的目标展开，对客户提问时同样要有目的地进行，千万不要漫无目的地脱离最根本的服务目标。

其实，你只要耐心地和客户沟通，在沟通的过程中了解客户的真正需求，客户就愿意与你交流。记住：客户永远都喜欢和态度积极的销售人员进行沟通，因为只有这样才可能满足他的需求。

第一次和客户接触的时候，一定要注意观察周围的环境和客户所透露出来的细节，聪明的销售人员一般都会找一个客户感兴趣的话题，不会很直接地询问客户的意见，只有这样才更有针对性。

在与客户沟通的过程中根据客户的需求来展开话题，看似销售人员处于被动地位。但是在客户看来似乎不是这样的，他们往往把销售人员看成是和自己对立的，因此他们将自己置于一种严密防守的被动状态当中。这种心理正好反映出他们期望得到真正的需要。销售人员应该明白，当你向客户施展各种技巧的时候你往往只有一个目标，那就是让客户购买你的产品。但是作为客户来说，他们此时心中的想法就单纯了许多：一方面，他们希望自己的需求得到满足；另一方面，由于自己种种的顾虑，对于销售人员也不够坦然。

所以，初次接待客户时，在对方没有其他问题的情况下，销售人员可用简短的话语直接将公司的服务态度、服务宗旨向对方说明。对于销售人员来说，最实用的工作技巧就是通过询问客户的方式去了解客户真正的需求。在询问时要采用正确的方式方法由浅入深地进行探寻。如："李总，您可以向我们介绍一下贵公司今年商品销售的总体趋势和贵公司对产品的需求情况吗？"对于那些话比较多的客户，就要加大询问的力度，尽量让客户多说，而销售人员要做的就是安静地倾听。但是为了避免客户永无止境地说下去，应该采用限定询问法，这样会谈的主题就不会偏离方向。

在接待的过程中，销售人员应该用纸和笔记下重点，对于客户所谈到的问题和需求应该进行详细地记录和总结。而且结束时还要向客户再次确认。如："李经理，不好意思，今天跟您约的时间到了，真的很高兴从您这里听到了这么多宝贵的信息！这是我所记录的内容，一是关于……二是关于……三是关于……是这些，对吗？"

最优秀的业务员：制定有效的工作目标

张强和李伟是刚刚毕业的大学生，分别在两家同行公司任职销售部门。公司在对张强进行培训的时候一直强调要以结果为导向，即一切出发点都要以服务为目标，因此为他制定了严格的目标。而李伟在接受公司培训时，则更加注重与客户沟通的技巧。三个月后，这两家公司对新员工的培训结束了，张强和李伟在和客户的交谈中都时刻不忘培训时要求的目标。三个月后，有明确目标的张强的销售量比李伟的销售量多出三倍。

通过客户调查发现，很多客户认为李伟在沟通时讲究技巧，和他在一起交谈很愉快，但是在谈话的过程中对于实现最终目标的主动性和积极性却很差，因此，经常会错过交易机会。客户评价张强时说，他可能不善于言谈，但是他却善于抓住时机促成交易，最终客户被他实现目标的决心和主动性说服。

与客户之间的交易是销售人员通过和客户沟通促成的。而在这其中，有没有目标，是销售人员是否有动力的重要表现因素，如果能够制定完善的目标，时刻专注于销售目标，业绩将会大有提升。

销售人员在开展每一份工作之前，都应该有明确的目标，并且根据目标列出计划，再根据这个计划有步骤地列出自己的行动路径，只有这样一环紧扣一环，严密地制定好自己的工作方案，并且严格地按照方案执行，才能够达成目标，迅速走向成功。如果没有目标，只知道埋头苦干，那么就无法确保能够很好地完成工作，如果一个刚入行的新手，在工作之初就能养成良好的习惯，必会受益匪浅。

目标的制定并不一定是一成不变的，可以有日目标、月目标、年目标，然后循此目标前进，直到达成为止。在目标制定后，必须随时随地进行目标的管理追踪，以确保每一个过程中目标的达成。否则，制定目标没有任何意义。

制定目标之时，不要急功近利。比如，上个月刚完成了五笔交易，这个月却硬要给自己制定完成30笔交易的目标，虽然制定目标的时候要展现你强烈的自信心和成功欲望，但是如果把目标定得过高而无法实现，就失去了制定目标的意义。正确的做法是：在订立目标的时候，应该根据自己的能力和周围的现实情况来确定，不要盲目地追求高增长，也不要低估自己的能力，适当地步步提升对自己的要求，但是又要把它保持在经过努力后可以达成的状态，这样才能完成目标，而不至于使目标显得遥不可及。

但作为销售人员也必须明白：你之所以与客户展开沟通是为了要实现你的目标，并不仅仅是为了沟通而沟通。这看上去似乎是一个很简单的道理，但是有些销售人员却常常将目标与沟通之间的关系混为一谈，他们狭隘地认为能言善辩就是一个优秀的销售人员。有些销售人员甚至还忽略最终目标，喜欢和客户大玩语言游戏。这些，都是销售中最愚蠢的行为。

与客户展开沟通是销售人员实现自己目标的一种重要手段，并不是销售人员的工作目标。因此，那些常常忽略最终目标的销售人员要注意不要只关心良好的沟通氛围，一定要集中精力在目标的实现上。

华尔街的快餐饮食店：满足客户的期望值

在美国华尔街有一家具有上百年经营历史的快餐饮食店。长期以来，这家店不仅推出的食品物美价廉而且也非常注重效率。因此，客户的用餐时间大大减少了。这也刚好迎合了那些比较忙碌的白领人士的需求，所以店里的客人每天都络绎不绝。

但是好景不长，自从20世纪以来，这家店的生意已大不如从前了，即使多年来的老客户也不再光顾。这家店的老板想找出原因，于是找到了一家管理咨询公司，希望能够找出客户流失的原因。

咨询公司的人员通过对客户期望值的调查分析发现，随着经济的不断发展，顾客的生活水平日益提高，几乎都买了车。但是问题就在于此，由于这家店是老店，所以一直没有设立停车场，如果到这家店吃饭的话就必须把停在别的收费停车场，十分麻烦。在客户的期望值构成中，是否便于停车是客户关注的一个核心问题。这里所提到的客户的期望值指的是客户希望某公司所提供的产品或者服务能够满足其心理期望，它是决定客户对产品是否满意的关键因素。

老板找到原因后决定在附近租一个地下停车场，并且找一个专门负责停车的人，这样顾客来吃饭只需要把车直接开到店门口，其他的就交给停车服务人员就可以了，而且这个服务还是免费的。渐渐地，那些流失的老客户又回来了。

如今，客户很容易受外界环境的影响而改变对消费的心理预期，而企业间的竞争也越来越激烈，所以各公司要想在竞争中立于不败之地，就必须随时掌握和了解客户的期望值，只有这样才能更好地满足客户的需求，并战胜对手。

随着社会的高速发展，很多情况发生了改变，客户服务同产品一样必须被企业给予更多的关注：高质量的产品和服务将决定高美誉度的公司形象。

对产品的价格、功能、质量进行心理预测，这似乎是每一个客户在选择商品时都会做的一件事。作为企业，首先必须明确自己的产品是什么，只有明确了产品的属性和功能，才知道自己的消费者在哪里，他们对产品的要求是什么，才能够根据消费者的需求把产品做得更好。

对销售人员而言，工作的主要目的就是用务实的服务让顾客折服。客户因为满意而服气，并最终产生信任感。这样的信任将促成客户购买行为的发生，并且产生良好的口碑效应，带来更多的客户。

销售人员必须通过与客户的不断交流来发现客户的期望值，在服务的过程中不断调整服务内容以赢得客户的满意度。

作为客户，由于各种原因与企业或服务提供者发生联系时，往往希望自己所提出的问题和要求能够被满足，这就是客户的"期望值"。也就是在不同环境下，"客户"总是期望得到应该得到的服务，并判断这样的服务是不是值得。在某种意义上，企业和客户就是在这种"期望值"的平衡中进行互动，在社会这个大市场中上演着精彩的"剧目"，推动着客户服务工作的进步与发展。

对消费市场进行调查，这是大多数公司都会做的事情，但是往往得到的结论都是：价格可以再便宜一点，服务态度可以再好一点，产品的质量可以再优质一点。然而，在生产技术条件一定的前提下，这就意味着公司成本的提高，利润的减少。你不能总是给予顾客希望的所有东西，有时，你需要将他们的期望拉回到你能够给予的水平上。

"降低承诺，提高交付"是一种有效地管理客户期望的方法。打个比方来说：当你在为客户服务时他们希望事情办得越快越好。但是如果你知道仅需要 20 分钟就可以完成，这时你千万不要告诉顾客！你只能承诺在 30 分钟完工，那么当你在近 30 分钟完成时（对此你心理肯定明白），这时你的顾客就会非常高兴，因为你已经提前完成了工作。但是，客户期望值并不是停滞不前的，而是随机而变的。因此，销售人员应该通过深入的接触，及时了解和把握这些随机因素的变化，才能根据期望值的变化对客户进行有针对性的服务。

沃尔玛邀你去喝茶：迅速适应客户要求

沃尔玛用定期邀请客户到店里喝茶的方法来向顾客征询意见和建议。只要是公司能够做到的他们都会在最短的时间内尽可能地满足顾客的需求。曾经有顾客提出，洗手间的标志太小了不够显眼，得知后沃尔玛立刻挂上了比较醒目的大标志；有人反映沃尔玛的存储柜太少了，根本不够用，为此商场特地把存储柜从300个增加到600多个；沃尔玛的分店开业，有顾客反映空气流动不是很好，沃尔玛就进行了多次的通风技术改造。

所以，沃尔玛成为今天庞大的"零售帝国"也不足为奇了。

有一天，一对中年夫妇带着记者来到了沃尔玛世贸店，原因是他们在海鲜部购买的黄鱼"发臭"了，他们想讨个说法。沃尔玛的管理层得知此事后亲自接待了记者和这对夫妇，并将整个事情的经过进行了认真仔细的调查，发现该顾客在本店购买黄鱼后并没有立即烹煮，也没有采取保鲜措施，6小时后发现黄鱼发臭。虽然事情的真相已经很清楚了，但沃尔玛没有将责任推给顾客，而且还允许退货并赔偿同等金额的黄鱼，最终顾客被沃尔玛卓越的服务态度所折服。

随着时代的变迁，客户的需求也随之变化并逐步提高，客户希望自己的消费体验能够得到迅速积极的回复，最佳的回复应是迅速、明确、积极的，且态度要认真，语言要婉转，处理要公正，行动要迅速。

客户反映的问题，无非是服务不主动和产品出现问题，但这些对客户来说，却是大事，它们会直接影响到公司的形象。对于顾客的投诉，公司的相关人员应该及时应对并给予明确的答复，这是挽回影响的关键所在。

第02章 接待客户：让每一个客户满意而归

在服务过程中，一个销售人员要做到的事情非常多，例如，永远不要把处理投诉看成是客户的事。要依据他们投诉的事情而努力猜测他们的想法，适应他们的要求，要确保让客户感觉到他们的意见被采纳和理解。对客户的意见理应做出迅速积极的反应，而不是如石沉大海般没有回应，一般应在 24 小时内做出响应，致电客户回复处理情况。

通过顾客参与来完成，服务接触的瞬间是决定服务成功与否的关键时刻。要想近距离地亲近客户，首先要做的就是设法理解顾客，帮助他们选择真正适合自己的服务。而不是按照预先设计好的流程简单地向他们提供清单，让他们选择。

如果从这个角度出发，服务企业应该更加充分地展现自己的服务优势，为顾客提供更多的服务方案，以此去帮助顾客解决的问题，而不是一看见客户就问"需要什么？"所以你必须清楚，客户所需要的是什么，作为一个销售人员了解和掌握顾客需要什么服务完全是分内的事情，同时也是亲近顾客的服务文化延伸。

打个比方来说，如果客户说他需要一个折叠式的行李箱，这是他的需求，但是如果你仅仅满足他这一要求，就等于失去了比这更有效满足客户的机会。"需要"是"需求"背后的原因，客户之所以需要这种折叠式的行李箱是因为更加方便，不用的时候可以收起来。你应该努力去满足客户的需要——有没有比这更好的行李箱？而不仅仅停留在满足客户需求的层次上，把行李箱给他了事。

作为销售人员当你的业绩下降时，不要怨天尤人，要时常检讨一下自己"是否已经做得够好"。或许你的服务一直以来做的都非常好，但是面对客户需求的不断变化，你的一些服务技巧就不见得会有效果。所以你必须根据这一变化来改变或进一步调整你的服务方式。

普罗默斯公司的规定：努力平息客户的不满

普罗默斯公司是一家经营旅馆和赌场的公司，汉普顿旅馆是这家公司的连锁店。普罗默斯公司为了吸引更多的顾客，派员工秘密地观察顾客选择入住普罗默斯的原因。为此公司还决定：如果客户对于住宿不满意要求退款的话，不管是出于什么原因，服务人员都要满足客户的要求并且问清楚客户对哪儿不满意，不满意的原因是什么。

普罗默斯公司的这一做法不仅了解了客户退房的原因而且使入住率大幅上升。例如，在汉普顿旅馆里，客户之所以不满意的原因是套房里缺少熨斗和熨衣板。普罗默斯公司就特意在旅馆中安排一个专门负责把熨斗从一个房间转到另一个房间的服务生。即使这样，也不能够满足客户对熨斗的需求。于是普罗默斯公司打算在每个套房里都配备一个熨斗和熨衣板，公司简单地算了一下，如果每个客房都备一个熨斗和熨衣板的话，那么每个套间增加的平均成本约为80美元，按折旧期4年来算的话，平均每套房的成本约为20美元。这样算来不仅便宜而且还满足了客户的需求，何乐而不为呢？

自从解决了这个问题之后，汉普顿旅馆的入住率大幅提高。汉普顿旅馆的这一措施为其带来了丰厚的额外收益，同时还提高了员工的积极性，提高了酒店的知名度。

如果客户对产品或服务表示不满意，那么就会影响公司名誉，造成一定的损失，从而也加大了工作的难度。但是，如果在客户抱怨后能够迅速地解决问题，并且得到客户的认可，那么客户将会继续和我们合作，也将会带来更多的客户群。

销售人员遇到不满意的顾客是在所难免的事情，但有经验的销售人员都会面带微笑地去面对。对于正在气头上的顾客，你必须先等他发泄完，先做一个聆听者，然后再进行思想安抚工作，因为只有这样顾客才有可能把你说的话听进去。如果他正在气头上你和他说或者说了不中听的话，那么反而会适得其反，令事态进一步恶化。

如果客户还是非常生气的话，那就意味着你要做好道歉的准备。因为客户所反映的情况你已经有所了解，并且是由于你工作不到位和产品的缺陷给客户造成了不便，你理应对此深感愧疚。用道歉这种方式可以让顾客感受到服务人员的诚意，即使企业没有错，也要记住客户永远都在你之上，也就是客户至上的原则。

但是光说不做是不够的，顾客希望的是企业能够拿出实际行动来证明。销售人员需要做的事情就是弄清楚客户究竟对什么地方不满？原因是什么？是因为产品本身的缺陷还是由于服务人员工作的不到位，或者是顾客自己使用不当理解有误而导致的不便。问清楚原因之后看看到底什么样的补偿或者服务才能够消除顾客心中的不满，尽你所能地满足顾客的需求，直到找出一个满意的方案为止。

客户产生不满情绪是一件很寻常的事情，这时就需要销售人员耐心地化解其不满情绪。首先，当顾客产生不满时，情绪往往都会比较激动，销售人员这时要做的就是"放线"。也就是说销售人员应该仔细聆听顾客的不满，同时要以"我明白"、"我了解"、"是的"等语言给予回应。从而使顾客的不满情绪慢慢地缓解下来，然后再进一步拉紧线，解释是什么原因给顾客造成的不便。最后给顾客一个满意的处理方案。

可以通过和顾客交谈知道一些意想不到的信息，而这些信息或许正是顾客不想告诉你的。只有这样才会知道顾客想要的到底是什么。当他们产生不满情绪的时候，你就会对他们有所了解，从而问清事情的缘由，避免自己下结论。

顾客产生不满情绪大多都是由于企业提供的产品或服务不能够满足他的需求，所以顾客产生不满情绪的最终目的都是达成满意。因此，一旦出现这种情况的时候，销售人员应该迅速做出反应，及时处理。只有这样顾客才会感觉自己受到足够的重视和尊重，从而降低不满程度，并看到经营者的诚意，从而在心理上得到满足。

美女业务员：巧妙地应对不良客户

天宇公司有一个叫张涵的美女业务员，她不但长相靓丽声音甜美，而且口才也非常出色，在为人处世方面是相当的有一套。在历次公关营销中她都能够发挥自己的优势搞定难缠的钉子户；在维护客户方面也是花最少的钱办最漂亮的事，简单的几个电话就能够让客户身心愉悦。

但是好景不长，后来遇到一个客户，张涵屡次出马，都是徒劳而返。

以下就是她的拜访经历：首次拜访时，张涵就习惯性地露出她那迷人的微笑。客户是位女科长，个子不是太高，肥胖的身材，但是长相端正皮肤也很好。这时，那位女科长一直盯着张涵的脸看，这样的举动让张涵感觉非常不自在，误以为是因为自己脸上的粉底涂得不匀或者是眼线花了，所以觉得这次见面很失败。第二次见面的时候，张涵更加注重外表的打扮。这次科长只是瞄了她一眼，就抬头做自己的事情。这样几次下来科长总是对她不理不睬，张涵的信心大跌，实在是坚持不住了。

天宇公司还有一位叫李薇的业务员，其长相平平，平时喜欢带着一副黑色镜框的老式眼镜，和张涵相比缺少了许多少女人味；但是为人精细善于察言观色。

李薇听了张涵的面谈经验之后，就开始与这个女科长见面。李薇"裸妆"上阵，穿着简单大方。看见科长她首先做了自我介绍，然后见女科长的皮肤这样好就开始讨教女科长护肤之道，这样二人就开始了一阵热聊。李薇满心欢喜地把女科长的护肤之道仔细地记录在本子上，对于业务上的事情只聊了几句。第二次见面的时候，李薇稍微化了淡妆，不仅如此还准备了小礼物以此来感谢女科长教她护肤之道。女科长也甚是开心，主动和李薇说起关于产品的事情，这样一来李薇就轻松地搞定了这个客户。

李薇之所以能够成功就是因为她抓住了女科长心里的想法。张涵如此一个美女出现在女科长面前，女人天生爱美，也是天生善妒的，所以总是用冷漠无情的态度对待张涵。

张涵的失败在于不明白女科长冷漠无情的真实原因。而李薇正是巧妙地迎合了女科长妒忌的心理，从而轻松地搞定了她。

在销售的过程中，销售人员经常会遇到以下三种情况，我们将一一给出解决之道。

1. 应对怒气冲天的顾客

对于销售人员来说恐怕没有什么比面对一个怒气冲冲的客户更难应付的事情了，那么当面对这样的顾客时到底应该怎么办呢？

首先，你应该让顾客尽情地发泄出心中的怒火，只有等顾客发泄完之后，你才有机会帮他们解决问题。如果客户心中的怒火不能够完全得到发泄，那么对于你的解释他就会听不进去，双方甚至会起争执，最后造成局面很难收场。大多数的顾客在表达他们不满的时候往往情绪非常激动。这时你最好不要试图打断他们，更不能劝他们"冷静一下"，因为这时顾客可能会朝你大叫道："你是谁啊！凭什么叫我冷静？"只有将不满发泄出来后，他们的情绪才会慢慢平静下来，变得更加冷静。这时你再向他做出解释，他才会乐于接受。

如果你没有真正了解顾客不满的原因，那么他的情绪就会变得更加激动，他会以为你根本没有把他说的话放在心上。即使有的时候你已经了解了事情的原委，如果你不能给予他一个满意的答复，那么他依然会认为你还是没有弄清楚。记住，在顾客发怒的情况下永远不要和他争辩，即使他发怒的原因有点过分，也不要去反驳。

2. 应对总是吹毛求疵的顾客

对于那些吹毛求疵的顾客，销售人员即使想尽所有的办法都很难让其满意。对于这样的顾客来说，可能世界上没有什么事情能让他满意，像这类顾客该如何去面对呢？

　　无论在什么时候，自己提出的要求被拒绝是每个顾客都不愿意面对的事情。当销售人员拒绝他们的要求时他们肯定会不高兴。当然，这样的情绪也是很正常的，但是这样的情况是销售人员可以避免的。当顾客说出他的要求时你要仔细聆听，在此过程中你要时不时地点点头表明自己在听，然后再道歉，表明你对于他提出的要求无法接受。

3．有些时候你不得不亡羊补牢

　　当你发现自己或者同事犯了错误的时候，你的第一反应应该是如何对犯下的错误进行补救，而不是找借口或者是道歉，又或者撒谎欺骗顾客。即使你有很完美的借口当理由，也不要把所有的细节都告诉顾客。

　　"不是我的错，但是……"有的时候即使不是你的责任，顾客也会认为都是你的责任。这时你就应该好好地和顾客进行沟通，向顾客说明不是你的问题，同时还应该做好承受所有责备的准备，并且还要及时帮助顾客解决问题。

第03章

拜访客户：
快速抓住你的新客户

在销售过程中，拜访客户可谓是最基础最日常的工作：市场调查需要拜访客户，新品推广需要拜访客户，销售促进需要拜访客户，客情维护还是需要拜访客户。只要客户拜访成功，产品销售的其他相关工作也会随之水到渠成。只要切入点找准，方法用对，你就会觉得客户拜访工作并非想象中那样棘手——拜访成功，其实也简单！

销售员刘辉的一次拜访：
用精彩的开场白吸引客户

销售员刘辉按照之前约定好的时间来到了客户的办公室。

刘辉："陈总，您好！您在百忙之中抽出时间来接待我，我表示诚挚的谢意！"（感谢客户。）

"陈总，您的办公室虽然装修的简洁但不失品位，可以看出您是一个做事很精明的人！"（赞美客户。）

"这是我的名片，今后还请您多多指教！"（互相交换名片。）

"陈总以前和我们公司合作过吗？"（稍留时间，让客户回想。）

"我们公司是专门为客户提供个性化办公方案服务的。据我们了解现在的企业已经不只关注如何提升市场占有率和利润空间，同时也在密切地关注该如何减少管理成本。我此次前来是考虑到作为企业的负责人，您对如何合理配置您的办公设备，节省成本肯定很关注。所以，想与您简单交流一下，看看敝公司能不能有幸为您服务。"（说明来意，突出客户的利益。）

"贵公司目前正在使用哪个品牌的办公设备？"（询问办公设备情况。）

这时，陈总津津乐道地和刘辉谈了起来。

从这个例子不难看出，要想一开始就吸引对方的注意力，开场白是至关重要的部分。要想使客户有兴趣和自己继续交谈下去，就需要找出客户真正关注的问题。销售员刘辉就通过一个精彩的开场白引起了客户的兴趣，因而向促成销售迈进了一大步。

开场白是销售人员和客户见面时前两分钟说的第一段话，如果是电话销售的话那么就是30秒之内说的话。可以说是客户对销售人员第一印象的再次定格，因为在与客户初次见面时，你所能给客户的第一印象只能取决于你的穿着和你的言谈举止。但是如果你能够给客户一个精彩的开场白，那么你就会给客户留下更深刻的印象。因为和外表相比，开场白的语言是一个人内在的反映。

虽然我们常说不能以一个人的外貌去评判一个人，但是客户往往都是用第一印象来评价你，而客户对你印象的好坏直接影响到你工作的进展。

需要你注意的是，假如是你约对方见面，你的开场白非常重要；但是如果反过来的话，客户的开场白就决定了你的开场。

一个有吸引力的开场白固然是重要的，但是在开场白的陈述中能够给客户带来什么样的价值，这是客户所关心的。

可是要在开场白中把价值陈述清楚却不是一件容易的事情，这不仅要求销售人员清楚地明白自己产品的价值所在，还需要在交谈的过程中了解客户最关心的部分从而突出产品的亮点。

每个人的世界观不同，对一件事物的看法也是不一样的，就好比是买衣服，有的人考虑的是衣服的质量，有的人考虑的是衣服的颜色，还有的人考虑的是衣服的款式，等等。你如果想知道客户真正关心的是什么，那么就需要从他所关心的地方下手。

所以，开场的关键部分就是如何找出客户最关注的价值。

拜见乔治先生：拉近与新客户的心理距离

乔治·伊斯曼是感光胶卷的发明者，正是因为他的发明才会有电影的产生。他所积累的财产高达几亿美元，是世界上最有影响力的商人之一。

他还在曼彻斯特建立了一所伊斯曼音乐学校。他为了纪念他的母亲特意盖了一所著名的戏院。当时纽约公司的总裁亚当森想接下这所戏院的座椅订货生意，于是在这栋大楼的建筑工程师的引领下拜见了伊斯曼先生。

在亚当森去见伊斯曼之前，那位工程师对他说："我明白你真的很想把这笔生意争取到手，但是我想告诉你的是，伊斯曼先生真的很忙，你占用他的时间最好不要超过五分钟。如果超过的话我想那就肯定是没有希望的了。他是个大忙人，所以在时间这一方面你应该要把握好。"

亚当森在工程师的引领下来到了伊斯曼的办公室，看到伊斯曼正埋在一堆文件里面。过了许久，伊斯曼抬起头来，说道："先生，早上好！请问有什么事情吗？"

工程师为他们引见完之后，亚当森满脸诚意地说："伊斯曼先生，您好！一直久仰您的大名，今日得以相见真的十分荣幸。您的办公室真的很漂亮，假如我能够有一间这样的办公室，即使工作再辛苦我也不在乎。您知道，我是做房内修建工作的，我还没有见过比这么漂亮的办公室呢！"

伊斯曼回答说："有件事你倒是提醒了我，不然的话我都忘记了。你也觉得这间办公室很漂亮，是吗？当初我也和你一样觉得很漂亮，但是我每次到这里来的时候都有很多事情要处理，有的时候甚至好几个星期都不能好好地看上一眼。"

这时亚当森看到一块镶板，他走到跟前用手抚摸着那块镶板，那神情就如同抚摸一件心爱之物，亚当森问道："这板是用英国的栎木做的吗？英国栎木的组织还是与意大利栎木的组织有所不同。"

伊斯曼答道："不错，这是从英国进口的栎木，是我的一位专业的朋友亲自为我挑选的。"

后来，伊斯曼带着亚当森参观了这间办公室的每个角落，把自己设计的地方指给亚当森看，伊斯曼还从箱子里拿出第一卷胶片，向亚当森说起他创业的奋斗历程。

一个成功人士的背后必定少不了一个极其艰辛的过程。伊斯曼深情地说出孩提时家里一贫如洗的惨状，说到母亲为了这个家是怎样辛劳，以及自己成天想着怎样才能够赚大钱。

"我在最后一次去日本的时候买了几把椅子，放在我家的玻璃阳光房

讲故事 说出销售力

里。但是没有想到的是在阳光的照射下竟然褪色了。后来我又新买了油漆重新刷了一遍，想看看吗？那就和我一起到我家里去，我们边吃边聊。"这时他们已经谈了两个多小时了。饭后伊斯曼给亚当森看他那些椅子，虽然每把椅子的价值最多只有 1.5 美元，从伊斯曼的眼神中亚当森看出他是多么引以为荣，亚当森自然是极力迎合了。二人聊得非常投机。最后亚当森轻而易举地得到了那所戏院座椅的生意。

这个故事告诉我们，不管生活是多么丰富多彩，也不管顾客是多么千差万别，只要你能拉近与他的心理距离，你就大有胜出的希望。

销售的方法虽然很多，但与顾客联络感情，拉近心理距离，触动他最敏感的那根购物神经却都是一样的。其中最大的技巧是让对方在和你相处时有亲切感、安全感和信任感，这是促进销售的最大保障。

拉近与新客户的心理距离，良好的沟通将起到很重要的作用。怎样与一个新客户建立沟通交流的关系呢？你应先找到他感兴趣的话题，并试探性地附和他，从而促成心理距离的贴近。

拉近与客户的心理距离，投其所好地引发他主动和你交流的兴趣，是成功交易很关键的环节。让他靠近你，不再感到陌生，彼此之间的亲切感能助你一臂之力。

许多人以为销售技巧有些玄奥，有些莫测高深，尤其是在与新客户打交道时，往往如临大敌，不知从何入手，其实大可不必。说到底，销售工作只不过是你为顾客提供需要的一种供求关系。你只要找到共同语言，建立情感联系，使彼此之间能相处下去，让顾客从心里接受你，一切就水到渠成了。

接受的最好理由就是让顾客对你产生好感。也就是说在最初阶段你要投其所好，找出共同点来，这样才会有共同话题。引起对方兴趣的东西多了，彼此之间的关系自然也就融洽了。

拿破仑·希尔的经历：靠热情去征服新客户

一个销售人员向我推销一本名为《周六晚邮》的杂志，销售人员将杂志递到我的面前，用暗示性的语气问我："你会订阅《周六晚邮》吧，是不是？"

当时我很果断地拒绝了。因为销售员给我的感觉就好比急需从我的订购费中赚取小费。不仅如此，那销售员的表情非常沮丧而且说的话也毫无热情，没有足够的理由说服我。这件事情没过多久，另一位销售人员又来向我推销杂志。但是不同的是她一共推销六种杂志，其中就有《周六晚邮》。她的推销方法也大有不同。她四处观望后忍不住地惊呼道："哦！看来您是个十分喜欢阅读杂志的人。"

当然，我很欣然地接受了她的夸奖，并放下手中正在看的文稿，想听听她要说些什么。

虽然话很短，但是那爽朗的笑容，加上热情的语气，使我的注意力全都在她的身上，也做好了倾听的准备。她只用了简短的话语就轻松地完成了最困难的工作。因为当她走进来的那一刻，我就决定不会放下手中的工作，并礼貌地向她暗示：我很忙，不希望受到打扰。

于是，我密切地关注着她的一举一动。她走到书架前拿起了爱默生的著作，打开书不断地谈论爱默生的那篇《论报酬》。她说的津津乐道，使我不得不去注意她推销的那些杂志。她的一番言论使我不知不觉就获取了许多有关爱默生作品的新观念。

然后她微笑地问道："你定期都收到哪些杂志？"听了我的回答后，她把她携带的杂志一一放在桌子上，做了分析并说明每一种杂志都要订阅的原因：

《周六晚邮》可以让工作一天疲惫的你感到放松；《文学书摘》以最简

讲故事 说出销售力

洁的方式让你将新闻尽收眼底；《美国杂志》介绍的是一些商业成功人士的最新生活。

但我的反应似乎让她有点儿失望，但是她并没有放弃，继续用暗示性的语气说："像您这样的大人物，消息肯定是非常的灵通，如果不是这样子的话，也一定会在工作方面表现出来。"

她说的这句话真的很到位。这不仅是恭维，更多的是一种委婉的谴责。她的话多少使我有点惭愧。因为她对我所阅读过的资料都进行了调查，而且她向我所推销的那几本杂志并不在我的书桌上。

这时我也就不知不觉地询问订阅这6种杂志的价钱。她开玩笑地说："多少钱？这价钱还比不上您手里拿的那张稿纸的成本高呢！"

她为何能够猜的如此准确呢？答案其实很简单：她并不是猜的而是早就知道了。这也是推销员的推销方法之一，那就是能够很巧妙地让我说出我的工作性质，从而诱导我去谈论这方面的事情。因此，当我谈到自己原稿的时候，便承认15张稿纸就可以有250美元的收入。

最后，在离开的时候她不仅带走了这6种杂志的订单，而且还招揽了我的几位同事订阅了她的杂志。

上面的故事是拿破仑·希尔的亲身经历。拿破仑·希尔曾有过这样的经验之谈："想要获得这个世界上的最大奖赏，你就必须把心中的梦想全部转化为有价值的热情，从而用热情去感染别人，展现自己的才能。一个对工作富有热情的人，无论自己身处何职，都会觉得这是一项神圣的天职，不论工作有多么困难，或需多少磨炼，都会用不急、不躁的态度去对待。只要抱着这种态度，任何人都会成功地达到目标。"大哲学家爱默生说过："有史以来，没有一项伟大的事业不是因为热情而成功的。"

这位聪明的推销员用自己对工作的热情打动了拿破仑·希尔，也打动了其他职员。这对于一个销售人员来说可谓战果累累，她的热情并不是装出来的，而是让人感觉就是自身天然具备的，无论是她的谈话还是态度，都体现出她那股热忱的势气，在无形中引导着顾客去购买她的商品。当然，热情的表现一定要适度，否则会有负面影响，让顾客以为你是装腔作势。

应该从对方身上找到自己可以表现热情的地方，即为你的热情找一个可以接受的载体，而适当的热情将是销售人员成功的催化剂。

作为一名销售人员，不论是什么原因影响了你的热情，顾客都不会去给你抚平创伤，顾客只能以你的态度给予你同样的回报。所以说，无论销售什么，只有热情和真挚才能赢得顾客的捧场和青睐。

一个销售员的第13次拜访：用执着去打动新客户

一天，有位销售人员向某公司的总务处长推销电脑，总务处长就像以往应付销售人员一样说了句："我想想看。"那位销售人员就很老实地答道："好的，那您再想想。"然后便离开了。当那位处长正要转身离开时，那位销售人员又来了，处长以为他忘了什么东西，但是他却笑着说道："您想好了没有？"当看到处长满脸吃惊的表情时，他说："没有想好的话，那我过一会儿再来。"大约过了半个小时后，他又来了："您大概已经想好了。"处长的表情仍然是十分的困惑，于是他又说："那我再来。"

处长看到他又过来了，心想："我到底应该用什么样的表情面对他，如果太友好的话他可能会没完没了，如果太过分的的话，又感到自己心里过意不去。"这时那位销售员又问道："您已经考虑好了吗？——对不起，我再来。"

天已经黑了，这是他第13次来访，处长最终拗不过他，便疲惫不堪地告诉他："我买。"销售员说："真的是太感谢了，但是您是如何决定购买的呢？"

处长无奈地说道："像你这样有耐心的人真的是百年难得一见，我只好认了。"

当那位处长说"我想想看"的时候,说明他并没有拒绝,没有拒绝就有成交的可能。虽然你知道这是一种委婉的拒绝,但你不妨就把它当成是顾客的真心话,装一下糊涂。对于像这种拒绝又非拒绝的情况,你要告诉自己:"再来一次,也许成功就在眼前!"销售人员要时刻用"执着"来提醒自己,既使前面的几次都被拒绝了,说不定这一次就能成功。

人生常常因为心浮气躁,缺乏执着精神而最终失败。在销售上也是如此,坚持就是胜利的道理我们每个人都懂得。只要不害怕被拒绝,执着努力,总会有意想不到的收获。

销售人员一生中遭到的被拒绝远远多于被接受。面对一次次的被拒绝,为自己心中的希望做顽强的努力,哪怕就是最后一次机会,也不要轻易放弃。推销员需要的就是这种坚定的意志和执着的精神。

假设一天你要拜访100个客户,可能有80%以上的人都会拒绝你。这对于意志力比较脆弱的人来说,失败和挫折感将会占据整个心灵。但是,你应该想到还有10%以上的几率,你不应放弃努力。做销售员不可能都是成功,没有失败,那样全世界的人都跑来做销售员了。因此,你要有一定的心理承受能力,学会耐心等待和执着追求。

遭到拒绝怎么办?当然是继续了。有机会就得努力去抓住,不能让希望轻易溜走。销售人员应该拿出执着精神,坚持不懈地去争取仅有的一点点希望。这就是销售成功的秘诀。

理查德搞定大银行:拿出自己的核心竞争力

理查德在22岁那年开设了一家讨债公司——全国收益公司。到1974年,也就是理查德的讨债公司开业后的第一年,他面试了当过销售经理的汤姆·史贝斯,史贝斯曾经的销售业绩相当惊人,当时理查德处心积虑地想拉他到自己的公司来。理查德知道这名顶尖的销售人才完全有能力身负重担。但是当时理查德如此年轻，手上仅有的也只是一家小本经营的公司，因此当他们第一次见面时，史贝斯看上去兴趣不大。

"听我说，全国收益公司总有一天会成为一家大公司的。"理查德对史贝斯说，"如果现在就加入，你享有的利润将十分惊人，这是你一生中难得的机会。"

史贝斯似乎不为所动。

"这样好了，我们一起去做一次客户拜访。"理查德说，"你可以看到潜在主顾对我们提供的那种独一无二的服务有何反应。"

史贝斯同意了。为了制造出不凡的印象，理查德浏览了自己的记事本，然后说道："让我看看，我和俄亥银行有约，你要不要一起去看看我是如何对一家大银行推销的？"

"好吧。"史贝斯回答。

"好，你下周四早上八点半到我办公室来，我们九点会晤该银行的副总裁哈特。"

在史贝斯离去之后，理查德又思索着该如何让他见到自己向"俄亥银行"推销的经过。理查德从来没有拉过这么大型的企业做自己的客户，他甚至在心里对自己说："理查德，你真是自不量力呀！"

在朋友的帮助下，他顺利地搞定了和哈特的约会。

当会谈的日子临近时，理查德开始感受到一种无形的巨大压力，因为他知道成败将全系于这次拜访。

当周四早上终于到来时，一种巨大的压力感笼罩在理查德心头，他和史贝斯在约定的时间之前便抵达了这家银行，九点钟，他和史贝斯被带进哈特的办公室，哈特和另外3名银行主管坐在一张小型会议桌旁。从史贝斯脸上的表情可以知道，他对理查德的能力赞赏不已，竟有4位银行专家听他们做销售说明。

虽然这些银行主管显得谦恭有礼，但态度却软中带硬，哈特高声地对理查德说："我现在手头的讨债服务公司已经超出了我的需要，有许多这样的公司都在排队等着要拿下这笔生意，他们有的已经花了好多年的时间向我推销，而且，所有的公司都告诉我他们公司的服务是最好的，那么你的公司又有何特别之处呢？"

接下来的45分钟，理查德在谈话中不断地强调他们提供的服务的特色，以及与众不同的管理方式，利用对该家银行的内部了解，理查德有针对性地向对方表明"资源外购"不仅能做出比较好的成绩，同时花费比银行本身运转要低廉。此外理查德还阐明他们不会为一丁点利润拼个你死我活。理查德精心准备的一套方案充分体现了他们公司的实力，同时也赢得了这家银行一笔300万美元的业务。

这次成功使理查德有了百倍的信心。当然，愣了半天的史贝斯，也高兴地同意与理查德合作了。

实力的另一种表现形式是在人力资源上。强大的人力储备和过硬的心理素质便是争夺市场的有力保障。那么，这一特殊的实力是靠什么来打造的呢？

俄亥银行是哥伦布市最大的银行，也是俄亥俄州的第二大银行。事实上，任何人如果能与"俄亥银行"拉上业务关系，让俄亥银行成为自己的客户，那么，这桩交易都将成为他在商海一生中的经典之作。要知道，理查德目前手头的最大客户相对俄亥银行差得太远了。但是，这次拜访会，对理查德来说实在是太重要了。首先，他将能够聘请到史贝斯当自己的销售助理；第二，"俄亥银行"旗下拥有42家附属银行，如果这次能成功地拉到哈特，就等于敲开了这些附属银行的大门。他还可以利用"俄亥银行"是自己客户的话来对付那些小银行，其他公司必然会对他刮目相看且信心大增，他的生意就可以借机蒸蒸日上。看来，这家银行对理查德的推销工作具有深远的意义。

作为一个名不见经传的小人物，想见到大型企业的高层人员并向其推销自己的产品或服务，其难度可想而知。如果要与俄亥银行做生意，哈特是要见的关键人物。对于理查德这样一位初出茅庐的小伙子来说，能和哈特先生进行会谈真是幸运之极。

这个例子是成功的一石二鸟的推销典范。理查德利用自己扎实的策划功底让史贝斯为之折服,同时也赢得了这家大银行的认同,可见事实的力量是任何语言都无法比拟的。

优秀的员工S:用积极主动去赢得客户的认同

美国一家著名的建筑材料公司W发生了这样一个故事。因为这家公司在全国都有自己的销售网点,而在每一个地区,总公司都会委派一个销售主管和几个业务员驻守。由于这家公司经营管理到位,销售工作不错,公司的业绩逐步上升。

可是,西部地区一个城市的销售业绩平平,一年下来还是保持在原来的水平上,不见长进。要知道,没有发展对于一个公司来说,就意味着慢性死亡。西部地区负责销售的主管叫贝利,以前在总公司干得还不错,也就是由于贝利在工作上的突出成绩,总公司才决定让他去负责该地区的销售工作。在这一年里,贝利知道自己的业绩平平,所以他一再向总公司打报告,介绍该地区如何如何地不好销售,市场多么地不好开展。没办法,总公司又派了一个新员工S到该地区帮助贝利开展工作。结果,新员工S一个月内便搞定了两家大客户,为该地区的销售局面带来了转机。

后来,总公司才知道,贝利根本就没有把最大的热情投入到推销的过程中去,因为,该地区条件有点艰苦,环境和硬件设施都待开发。而贝利又是一个有固定客户群的老推销员,他很少主动去会见客户,他在推销的时间里宁肯呆在旅馆里休息,也不愿出去受罪和磨嘴皮子。其实,正因为落后,建筑材料公司在此发展才更有商机。因为当时的美国政府正在该地区搞大面积的地方开发建设,潜在的大客户非常多,只要销售人员积极主动地正面出击,一定能赢得客户。一旦打开这个市场,对于总公司来说,那可是一块"大蛋糕"啊!

新员工S去后，首先了解了当地的大面积建设区域，有针对性地约见了几家当地的房产开发公司，他一次一次地向他们介绍自己销售的产品的优良性能，用他的积极主动和热情去感化客户。有几回，某房产公司因为赶工，在半夜里给S打电话，要求他次日送一份建筑材料检测书给他们，不曾想，半个钟头后，S就带着检测书到了客户灯火通明的办公室，客户大为感动。结果，在五家同类型建筑材料公司中，销售员S的公司胜出。从这之后，公司在该地区的销售局面一天天好起来，S扭转了局面。就在S去后的第三个月，总公司就发了文件通知，提升S为该地区的销售主管。

贝利失败了，不是因为他不会销售，其实像他这样的老推销员在销售技巧上一定比S要强得多，但是他丢掉了在激烈竞争中积极主动进攻的热情。

在老销售员和新销售员之间，往往会出现一些奇怪的现象，比如在销售过程中，一些大的客户愿意和新销售员合作，而老销售员也就只有羡慕的份了。这是因为新销售员对自己和工作都充满了信心，他们积极主动，不怕被拒绝，有一种"初生牛犊不怕虎"的劲头，这种积极的态度，会促使新销售员去施展自己最大限度的能量，这种付出，当然会得到大客户的好感。而那些老销售员，尽管他们有许多销售方面的经验和技巧，但是，当他们面对大客户蛮横、傲气的拒绝时，会觉得很没面子，可能会选择放弃。

很多时候，客户不太可能会自动上门来过问你的产品，即便你的产品非常好，但酒香也怕巷子深，你必须积极主动地找上门去，这样才是一个好销售员。

资深销售专家说：不要怕客户拒绝你。

有一位销售员，业务工作做得很成功。别人问她有什么秘诀，她说："刚开始的时候，我对自己一点信心也没有，每天都要与不同的人打交道，说上一大堆的话而且有的时候还不一定能够成功。直到有一天我遇到了一位销售专家,这位专家要我想象自己就站在客户家的门外。"

以下是她与专家之间的对话:

专家问:"你知道现在你正在干什么吗?"

"我正站在客户家的门外。"

"那么接下来你将做什么?"

"当然是进入客户的家里!"

"进入后,你觉得最糟糕的情况会是怎样?"

"最糟糕的情况应该是被赶出来吧。"

专家又问:"被赶出来后,你接下来会做什么?"

"嗯……我想应该还会继续站在客户家的门外吧!"

专家说:"回答得很好,那不就是你现在所站的位置吗?最糟糕的情况也不过是回到刚开始的地方,如果是这样的话,又有什么可怕的呢?"

"自从和这个销售专家谈过之后,我就决定今后哪怕只有1%的希望,我都坚决不会放弃并且会做出100%的努力。记得有一位客户,大热天的我跑了几十趟,最后他好不容易决定买一份保险。但是没过几天他却想退,这时我只好应允了。其实仔细地想想也没有什么,失败了又怎样?谁没有失败过,大不了回到起点,对于我来说也并没有什么损失,反而还收获不少的人生经验。"

对于大多数销售人员来说,遇到客户拒绝的几率远远要大于销售成功的几率。很多时候销售人员甚至还没有开口就会遭到一盆冷水。但是这一切也并非全部都是客户的错,不可否认的是客户的拒绝可能有许许多多的原因,而这些原因往往都是销售人员和客户改变不了的事情。如果你仅仅是因为客户的拒绝而被彻底击败的话,那么你是不可能成功的。

那么,遭到客户的拒绝时我们到底该怎么办呢?第一,要了解拒绝的原因;第二,要懂得巧妙地应对,在其过程中要保持一个良好的心态。

人们常说销售是一项对意志力考验的工作,因为时常遭到客户的拒绝,甚至更加过分的情况都经常发生。以下的情况我想大多数销售人员都曾遇到过:

销售员:"您好,李经理,我是腾飞公司的业务经理。"

客户:"哦,对于你们公司我也有所了解,东西很不错,价格也很好,要不然留个电话,如果我们需要再和你们联系吧!"

这种拒绝方式可以说是被客户拒绝的典型,一而再、再而三地遭到拒绝,心里难免会感到失落,而且工作还会受到影响。

但是也并非是完全不可化解的,分析一下你的准客户,对症下药,让不可能变成可能,就能使交易最终达成。

第04章

推销口才：
好销售员要有一副好口才

销售本质上是一种沟通，是销售员与客户的双向交流，通过开场切入、引发兴趣、产品说明、异议处理等流程，最终双方达成一致。销售员在与顾客谈话时，说话要有技巧，沟通要有艺术。良好的口才可以助你事业成功，良性的沟通可以改变你的人生。良好的交谈技巧，是一名销售员成就事业的重要环节。

年轻的妈妈买保险：运用语言的技巧

年轻的妈妈："但是我还是感觉现在买的话有点早！"

推销员："凡事还是早点做准备比较好！张太太，您也知道，宝宝刚刚出生的时候会收到很多亲戚送的衣服吧？"

年轻的妈妈："对呀！"

推销员："其中不也有七八个月或是一两岁的衣服吗？当时您不是也觉得用不上吗，但是没过多久，宝宝身上穿的不就是那些衣服吗？"

年轻的妈妈："是啊！时间过得真快！当时我也觉得这些衣服不会很快派上用场。"

推销员："买保险也是如此，就怕您买得不够……"

……

推销员："您想想看，宝宝从不会走路到学会蹒跚地迈出人生的第一步，这仿佛是昨天才发生的事情。但是那一幕是多么的温馨和耐人寻味啊！现如今都会叫爸妈了，再过不久就要背着书包上学了，别总说还早，不如趁现在的保费比较便宜，先准备一些教育基金，也算是为你的孩子做投资吧，说不定哪天你的孩子还会感谢你为他想的这样周到呢！"

年轻的妈妈："好一个伶牙俐齿的小伙子。"

无论谁都愿听美好的语言，因为得体机智的语言背后支撑的一定是聪明智慧的有思想、有内涵的灵魂。这位推销员运用语言技巧说服了一位年轻的妈妈给她年仅两岁的孩子买了一大笔教育保险。假如，碰到一位笨嘴拙舌的推销员，不能熟练地运用语言技巧，那这桩生意肯定不会太顺利。语言就是这样奇妙，往往于"兵不血刃"中攻城掠地，从而取得战功赫赫。用你的口才，对顾客晓之以理，动之以情，相信对征服你的顾客会是很有效的。

在感情用事的人那里，无论什么事情都会被分为"喜欢"和"讨厌"两类。这种类型的人对于合自己脾气的就态度极好，即使一开始并无购买的意图，只要他喜欢你，就会对你的产品有好感。对待这类客户就要求销售人员有一张能说会道的嘴巴，运用语言技巧把对方吸引住。谈话一定要切中主题，要有力度，要有逻辑性，要充满自信，要随时随地准备应对顾客提出的各种问题和意见，而且要尽你的智慧所能预测顾客很可能提出的反对意见。

一位成功的人士曾说过："我希望所有向我推销的人都能谈话得体，举止优雅，听这种人说话，是一种享受，否则我根本不会接见，因为对我来说我不可能一一接见想要见我的人，然而，我是决不会拒绝接见那些语言上有技巧的人，我认为最好的推销建议只可能由那些能说会道的人提出。"

一声不吭的推销员：少说多听，沉默是金

有一次，贝尔多和他的一位同事去见一位德高望重的商人，这位商人平时讲话不多，很理性，也很能干。他最早从事服装导购，经过多年的奋斗，他成了当今服装界最了不起的服装生产和批发商。且为人正直，值得人称赞。

贝尔多和同事见到他，彼此寒暄几句后就进入了正题，贝尔多开始

和同事一唱一合地向他讲一些有关他们推销商品的内容。但是，他低着头，连眼皮都不抬一下。贝尔多无从知道他在想什么，他是否在听。这真是令人难堪。在来之前，贝尔多知道这位顾客是位非常理性的人，自己的主观判断力也很强，很少盲从别人的意见。想到这里，贝尔多便停下来，把材料恭敬地往那位商人面前一放，靠在椅背上等着。接下来是尴尬的沉默。

　　贝尔多的那位同事是一位新手，刚刚参加推销工作不久，所以，他如坐针毡一样，难以忍受这沉重的氛围。他生怕贝尔多在这位大商人面前失败，急于打破僵局。贝尔多制止了他，他看见贝尔多在摇头，便合拢了刚要张开的嘴巴。

　　这样的沉默又持续了一分钟，那位商人抬起头来。

　　只见他用眼睛在面前放的文件上扫了扫，良久没有说话，贝尔多知道，这时候自己必须沉住气，尽量不要打断他的沉默，让他尽情地在心里衡量。贝尔多从包里拿出一支钢笔放在他面前的文件旁边，看见他从抽屉里拿出一支雪茄正要点火，聪明的贝尔多顺手将烟灰缸往他手边移了移。贝尔多所做的这一切，目的只有一个，就是希望对方能够认真对待这一次交易。贝尔多一直沉默着，但他的行动并没有停止。

　　对方终于开了口。第一句话就说："你这个小伙子善解人意……"商人平时不太善谈，这次却说了足足一个小时。在他谈话的时候，贝尔多尽量不插嘴，等他说完了，贝尔多说："先生，您讲的话对我们很有帮助，也有许多启发，您是一个很有思想的人。我们来向您推销商品，本来是让这件商品来帮助您更方便地解决和处理问题，通过和您的这次交谈我们已经明白了您花了几年的时间准备解决这一问题，尽管如此，我们还是很高兴见到您，假如您有什么需要帮忙的地方，我们会一如既往，希望下次有机会再合作。"

　　当贝尔多说到这里时，商人说话了："下次把真正的产品给我带来，我需要的可是一大批。"

这个例子中刚开始局面并不好，也就是对方对贝尔多他们的产品不信任，对贝尔多的推销当然也就不屑一顾了，但结局却是令人满意的。贝尔多此次成功的原因很简单，让商人尽量发泄自己的难处并认真地倾听，还时不时地用行动表达一下自己的感情。以求弄明白对方的真正需要，并且想尽一切办法去赢得对方的好感。就这样，贝尔多通过努力对商人有了全面的了解，也就明白了他最需要的是什么。找到了切入点，有的放矢，这次成功正是他巧妙地运用了"少说多做"的推销技巧获取的。

在向顾客推销时，语言应尽量简短，而把大量的时间留给顾客去分析、思考和判断。如果顾客首先打破了沉默，说明他希望购买你的商品，如果对方一直让沉默弥漫，这个时候千万不要去打搅他，不要说话，冷静等待——你的顾客可能正在读合约呢！

要知道，喋喋不休是工作、生活的一大障碍。你应当控制自己，在与别人交谈时，一旦发现对方心不在焉，便立刻打住，哪怕所说的话至关重要，并尽量用无言的行动去打动他的内心。大多数人的内心都有许多事情需要向别人倾诉，无论是私人问题还是工作问题，只要你这个对象可以信任，他都会滔滔不绝地讲给你听。

一般情况下，谈话刚开始时双方要自由沟通，假如你是一个急切想促成交易的推销员，对顾客的谈话毫不理会，而是时而打断顾客的谈话来进行推销演说，那么你就是不遭骂，对方也要编个谎言将你气走，对方宁愿跑冤枉路，花冤枉钱到别人那里买东西。

无论在什么时候，少说多听都是一种美德，你是怎么做的呢？少说多听的推销原则，最起码能让对方对你有好感和信任，这种心灵上的触动，往往就是成交的开始。

一句话促成的生意：煽动性语言产生的奇效

有一次，森玛向一个女孩子推销化妆品，这个女孩子转来转去就是不买，样子甚是奇怪，森玛问她话，她就冷冰冰甩一句："随便看看。"时间长了，森玛灵机一动，问道："小姐，您正在用我们的产品吧？要不，您的皮肤怎么那么好。"女孩回答："没有。""那您一定做美容护理了吧？实际上像您这么好的皮肤，没有必要用化妆品。"森玛说。女孩子好像有一点兴趣了，说道："你觉得我的皮肤好，今天，我就想找一种对皮肤没有刺激的产品。"森玛一下子明白了女孩子的意图，说："是的，许多漂亮的女孩都特别注意自己的皮肤，她们也是只用一种牌子的化妆品，就是我们家的品牌，据她们说效果还不错。"

女孩很感兴趣地说："那你也给我选一套适合我皮肤的产品吧！"

男女恋爱时，都会用各种方法去吸引对方，博得好感。销售也一样，在没有吸引顾客之前，销售人员都是被动的，有的时候需要适时地刺激一下顾客，以引起他的注意，取得对自己商品的主动认可，让他打心里喜欢而没有理由说"不"。

用最具煽动性的语言来吸引对方，这也是现今销售界最流行、最有效的技巧。这实际上和我们平时所说的激励法有些类似，当顾客面对商品犹豫不决时，你不妨用一些或鼓励或暗示性的语言来激励他，从而达到使他购买的目的。

销售人员的随机应变，使原本僵持的局面忽然之间就柳暗花明了。但用这种刺激或暗示顾客购买的方法时，千万不要刺伤了对方的自尊心，把握住这一点，成交的主动权就在你的手中了。

用煽动成交法需要销售员运用适当的语言技巧，巧妙地刺激顾客的购买心理，使顾客有一种紧迫感和压抑感，从而令顾客的购买欲望振作起来。这种方法必须有新的思维加入，不要墨守陈规，一定要根据不同的对象，采用不同的煽动性的语言才能收到满意的效果。如果煽错了对象，反而会置你于"死地"，或使事情向坏的方向发展。

在洽谈中，用煽动性的语言激励年轻客户，经常会达到想要的效果。

某家居市场高层人士为了租出摊位，与一家具生产商进行了一场业务谈判。会谈前他们知道这家家具厂年轻的销售经理容易激动，另外，在洽谈生意时，他们想了解这家生产厂家一年的销售情况。于是在谈判时，市场的负责人大谈别的生产厂家的年销售量多少多少。刚开始厂家的销售经理还很谨慎，后来被市场负责人大量煽动性的语言吸引了。市场负责人说："想来您的家具厂的销售情况也一定不错吧！因为有你这样的精明人在，还会担心销售不好吗？"这几句话还真管用，家具市场负责人通过这招最后轻易就知道了他想知道的一切。

小徐说"不"的技巧：学会拒绝你的客户

对客户说"不"，对哪一个销售员而言都是一桩困难的事，看看这位金牌客户服务人员徐林是如何应付难缠客户的：

客户："小徐呀，你们的货总体上来说还是可以的，但是价格比飞宇公司要高，对于这点我并不是很满意。"

小徐："张总，我承认我们公司的产品价格确实比其他公司高，高一点自然有它的道理。一分钱一分货嘛。我们的产品质量好，使用寿命比较

第04章 推销口才：好销售员要有一副好口才

长，而且使用起来也是非常方便的。您看这是现在一家知名市场研究公司提供的研究报告，我们的产品比A公司产品的用户投诉数量少33.3%，使用寿命长42%，用户满意度高28%。卖我们的产品您会少操不少心，腾出时间赚更多的钱。"

客户："小徐呀，你也知道在这个地区我们是经销商大户，听说你们正准备进入A地区，这还是要通过我们的，你们就把进货价格降低5%吧。"

小徐："张总呀，对于贵公司的实力这当然是毋庸置疑的。这次给贵公司的价格已经是最低的了，要不然这样，您再多进25%的货，我向总部申请将进货价格再降低2%，您看这样可以吗？"

客户："那就这样吧，麻烦你了。"

从以上的谈话中我们不难看出，对于经验丰富的销售人员来说他们不但掌握基本的销售技巧，而且还能充分地利用各种因素去很好地协调公司与客户之间的利益关系，这样不仅为公司谋取利益，还可以为客户着想。在与客户产生摩擦时，还能够把不利变为有利。

在与客户交谈时，不管你说的是什么，"不"这个词是客户都不希望听到的。无论何时何地客户想要得到什么东西，他们都非常希望你能够满足他们的需求。如果被你拒绝的话，他们就会很失望。

不论喜欢与否，你和其他销售员一样，有时必须要对客户说"不！"（不管你想说还是不想说）。作为一个销售人员，与客户打交道是每天必须要做的事情。在与客户交谈的过程中，由于买卖双方各自都会维护自己的利益，所以发生矛盾和冲突是在所难免的。在这种情况下，就需要销售人员想出两全其美的方法。既能够维护公司的利益，又能稳定客户的情绪，那么这就需要有足够的经验和高深的智慧。

在销售的过程中销售人员经常会遇到有些客户提出一些不合理的要求，对于这样的客户我们应该从他们的角度出发，如果答应他们的要求会出现什么样的严重后果，向客户表明利害关系，从而取得客户的谅解。

我们经常会遇到这样一些客户，他们在心情不好的时候往往向销售人员提出一些很过分的要求。这时，如果直接拒绝客户要求的话会很容易激化矛盾。经验丰富的销售人员一般都会在客户先平息激动的情绪后，在向其推销。

语言是一门很奇妙的艺术，而说话恰恰体现了这门奇妙艺术的最高境界。要想拒绝别人的时候既要委婉有力度又不能伤人，这是一件非常困难的事情。所以，在和别人说"不"的时候，一定要明确地表达清楚，表达的方式可以灵活委婉一点。

对客户的拒绝如果太过于强硬的话是不礼貌的，但是如果为了客户一时的高兴而去说谎是更不可取的。因为当客户满怀欢喜期待的东西一旦落空时，反而会让客户觉得你在骗他，这样不但问题没有得到解决，还会使事情变得更加糟糕。

在拒绝别人的同时，应该向对方说清楚原因，例如，由于某些条件的限制或者是出于公司的原因，等等。一般这样的状况客户是可以理解的，并觉得遭到拒绝是在情理之中的事情。

在不好正面拒绝客户时，不管你采用的是什么方法，都是利用语言的魅力去婉转地拒绝，转移话题也好，另有理由也罢。例如，先对对方的情况表示同情，或者给予表扬。然后，再说出你拒绝的理由。因为在对方的心里一开始就因为你的同情拉近了彼此的距离，所以在你说明拒绝的原因之后，客户也应该会以"可以理解"的心情接受。

网络咨询公司：有效使用提问技巧

某天，一个客户致电某网络咨询公司，询问和这家公司合作开展有关业务的问题，接电话的是业务员小王。

小王："您好，这里是蓝鸟咨询公司，请问您需要什么服务？"

客户："我想谈一下上次说过的合作的事。"

小王："对不起，我想先请问一下先生您贵姓？"

客户："我姓高，鸿星实业有限公司的。"

小王："高先生，您好，不知道您所说的合作是指哪方面的，我之前没有和您接触过，所以不明白具体的情况，您能给我介绍一下吗？"

客户："是关于销售方面的培训。"

小王："哦，好的，请您先介绍一下贵公司目前的情况，好吗？我想我要根据具体的情况才能做出比较全面的分析，给您提供合适的解决方案。"

这个案例中的小王在这之前并没有接触过这个客户，所以客观上很多问题都不清楚，在这种情况下，销售人员要以诚恳请教的态度向对方咨询，这样做的好处有两个：一方面，客户也急于让你知道他的需求；另一方面，销售人员要对客户知根知底，才能更周到地为客户服务。

在销售服务的电话沟通技巧中，最有效的方式是利用提问来探知客户的需求。很多人认为，向客户提问题是为了得到答案，但有的时候不是。在销售服务中很多提问的目的都不只是为了得到答案，而是为了洞察当时客户的情绪，提问的目的只不过是给客户提供一种发泄的渠道而已。通过提问，尽快找到客户想要的答案，了解客户的真正需求和想法。

通过提问，理清自己的思路。这对于销售人员至关重要。"您能描述一下当时的具体情况吗？""您能谈一下您的希望、您的要求吗？"这些问题都是为了理清自己的思路，让自己清楚客户想要什么，自己能给予什么。

通过提问，可以让愤怒的客户逐渐变得理智起来。客户很愤怒，忘记向你陈述事实，你应该有效地利用提问的技巧："您不要着急，一定给您解决好，您先说一下具体是什么问题，是怎么回事儿？"客户这时就会专注于对你所提问题的回答上。

在面对销售人员的电话时，客户总是会有疑问，除非这个客户对这家公司和产品都毫无兴趣。越是有兴趣的客户，他们越是有更多的问题需要询问。所以，他们问的问题越多，销售人员越是要认真回答。客户提出来的问题不好直接回答时，可以使用一些提问技巧，巧妙转移客户的注意力，使其将精力放到对问题的解决上。

在了解信息时，要注意有的客户会比较反感销售人员提问题。比如说销售人员咨询时问"您什么时候买的"、"当时是谁接待的呀"等问题，客户会觉得很不舒服。作为销售人员，提这些问题的目的是为了了解更多的信息，这些信息对销售人员是很有用的。可是客户有的时候不愿意回答，也懒地回答。因此在提了解性问题的时候，一定要说明原因，"麻烦出示一下您的身份证，因为要做登记"、"麻烦您输入一下密码，因为……"。

在告知客户问题的初步解决方案时，因为不知道客户是否满意，所以要巧妙征询客户的意见，例如"您看……？"类似于这种问题叫做征询性的问题。当你告知客户一个初步解决方案后，要让客户做决定，以体现客户是"上帝"。比如，客户抱怨产品有质量问题，听完他的陈诉，你就需要告诉他一个解决方案："您方便的话，可以把您的机子拿过来，可能需要在这里放一段时间。这就是我的解决方案。"

服务性问题也是销售服务中非常专业的一种技巧。这样的提问应在什么时候用呢？一般来说，是在销售服务过程结束时用的，其作用是什么呢？叫做超出客户的满意。"您看还有什么需要我为您做的吗？"当你去一个档次比较高的五星级酒店时，这句话会经常听到。没有经过培训的人员通常都不会说这句话。

在遇上不爱说话的客户时，可以利用巧妙的问题迫使他回答，那就是客户只能回答"是"或者"不是"的问题。这种提问主要用来澄清事实和发现问题，比如说："您朋友打电话时，开机了吗？"开了或者没有开，客户只能回答"是"或者"不是"。

一次成功的电话营销：规范电话服务用语

对于销售行业的业务员来说，更多的时候是打电话给客户，因此，"呼出"电话现在正成为销售的必修课，而在这当中，首先要修炼的，就是电话的规范服务用语，请看下例。

销售人员："早上好，请问杨经理在吗？"

杨经理："我就是，请问有什么事吗？"

销售人员："您好，杨经理，我是腾飞公司的小李，我们得知您最近在向我公司询问贵公司所需要的产品，所以如果有打扰到您的地方，请多多包涵。现在需要占用您约五分钟的时间介绍一下我们公司的产品，您方便吗？"

杨经理："可以，你说吧。"

销售人员:"杨经理,您可以先告诉我关于贵公司产品的一些情况吗?,这样我就可以了解一下原因。"

杨经理:"主要是机器的问题。员工的工作不能很有序地进行,所以我们准备更换设备。"

销售人员:"杨经理,对于我们公司的产品您尽管放心,我们一定会让贵公司的所有员工感到满意,而且还会向贵公司提供售后维修服务,但是,我可以给您提一个小小的建议吗?"

杨经理:"当然可以。"

销售人员:"如果您现在方便的话我想当面拜访,和您详细地说一下关于我们公司的情况,您觉得如何?"

杨经理:"可以。"

以上可以说是一个成功的电话营销案例,销售人员巧妙地运用了一些销售技巧和规范的礼貌用语,简单明了地说清楚打电话的用意,在与客户交流的过程中步步深入,从而在双方都很愉快的情况下完成了这笔交易。

由于电话销售具有一定的限制,不能面对面地进行交流。所以,在接听电话时要注意以下几点:

(1)无论何时如果有电话打进来,必须在电话铃声响起两声之内接起电话。

(2)如果在接起电话的时候,发现对方的声音听不清楚,在挂断的同时要和对方说:"不好意思暂时听不清楚您说什么,我给您打过去好吗?"

(3)接起电话时第一句话要说:"您好,我是×××很高兴为您服务。"说话时要语言温和、面带微笑并且吐字要清晰,以确保对方能够听清楚你说的是什么。

(4)在客户的称呼方面要用"您",不要说"你",因为这样是不礼貌的。

（5）如果在接听电话的同时有急事要处理的话，要向客户说明原因并表示歉意，还要征得客户的同意，告诉客户需要等待的明确时间，例如："请您稍等5分钟（明确的时间），好吗？"

（6）对于那些发音容易让人混淆的数字或者词语要加倍注意，发音时要放慢速度。如：17和11。如果听到和数字相关的内容，请务必马上复述，予以确认。

在和客户电话交谈时一般在开始时都会说，"早上好"、"您好"、"下午好"等问候语。因为这样就可以让客户感到你的真诚和友好。在问候完之后，你就应该说明自己的姓名以及身份，打电话的用意。这样就可以节省双方的时间也可以避免不必要的误会。

给客户打个电话：控制流程还要把握技巧

没有经验的电话销售员林宇，现在正紧张地拿起电话说："您好！丁先生吗？我叫林宇，是正飞公司的业务代表。像您这样的成功人士，我想向您介绍……"

此时，丁先生直率地说道："真的不好意思，林先生。你过奖了，我很忙，对于您刚说的真的不感兴趣。"说着就挂断了电话。

小林放下电话，又不得不硬着头皮按下了另一个号码，就这样又打了半个小时。但是每次得到的结果都是一样的，还没有和客户说上几句电话就被客户挂断了。

这时孙经理问他："小林，你知道客人不愿意和你见面的原因是什么吗？"

小林心想："大家都知道约见客人本来就是一件有难度的事情，我是刚来的，约不到也没有什么好奇怪的。"

孙经理见他一声不吭便说道："首先，你应该向对方说清楚此次打电话的目的。其次，表扬人的话讲的未免也太夸张了，你开口就给对方戴了个'成功人士'的大高帽，如果换成是你听到这句话会有何感想？会不会立刻产生一种对抗感，这样太露骨的奉承让人觉得非常假，也很容易给人急功近利的感觉。更何况是和素未相识的陌生人通话。最后，电话是为了方便约见客户而为我们提供的一个很重要的平台，要想向客户很详细地介绍产品，只有双方见面才是最好的方式，因为有的事情三言两语在电话里面是说不清楚的。就算客户最后决定买，难道在电话里把支票给你吗？"

孙经理说完后便亲自示范给小林看。

孙经理精神抖擞面带微笑地对着电话那头的客户说道："金先生您好！我姓孙。虽然我们素未谋面，但是可以耽误您几分钟的时间和您谈谈吗？"说到这里孙经理有意地停顿了一下，等待对方理解了说话内容并做出反应。

金先生说："不好意思，我现在正在开会！"

孙经理马上说："那我一小时后再给您打电话好吗？"

金先生说："好的。"

孙经理对小林说，主动挂断与被动挂断电话的感受完全是不一样的。在电话销售中尽可能主动挂断电话，这样你就可以减少挫败感。

一个小时慢慢地过去了，孙经理再次拨通了电话说："金先生，您好！我姓孙。之前给您打过电话的，您叫我一小时后再来电话……"这样的开头不仅营造了熟悉的气氛而且还拉近了彼此间的距离。

"你是做什么生意的？"

"我是正飞公司的业务经理，专门为客户设计一些关于财经投资的计划……"

金先生开玩笑地说道:"原来是教人赌博,专搞欺骗?"这时两人都哈哈大笑了起来。

孙经理说:"当然不是这样的啊!只是见见面,当然不可能立刻把生意做成。还是看过资料后印象比较深刻一点,如果今后有什么需要我们服务的地方,千万不要把我忘了啊!"

金先生笑了笑,没说什么。

孙经理接着问:"这两天我工作的地方离您比较近,不知是否有幸约您见上一面,您看明天可以吗?"

"好的,那就明天吧。"

"谢谢。金先生,那我们约在上午还是下午呢?"

"那就下午四点吧。"金先生回答。

"好的!那就明天下午四点钟见!"孙经理说。

孙经理放下电话,小林禁不住拍手欢呼。

一个成功的销售电话往往都是需要一定技巧的,大多数人都对电话销售持反感态度。这种反感不是因为这种模式,而是由于拨打电话的人不恰当的言辞或者是没有掌握一定的技巧而引起的。同一家公司的不同销售人员拨出的电话所起的效果也是截然不同的。熟练掌握其中的技巧是非常重要的,只有这样才能得到客户的认可和接受。

电话销售一般分为以下几步:

第一步,策划。

首先要充分了解有关客户的资料,同时还要准备好电话的脚本。随时保持精神饱满的状态。

第二步,绕开障碍。

在没有打电话之前我们肯定会准备许许多多相关的资料,但是这些资料往往只有客户的姓名以及联系方式,那么当你打电话过去的时候怎么样才能够准确无误或者把电话转交给你想要找的人呢？

这时就需要进行自我介绍，跟对方讲清楚打电话的原因，由此慢慢探听对方到底是不是你想要找的人。

第三步，开场白。

假设我们现在已经拨通了电话和客户取得了联系，那么这时就进入了电话的重要阶段，到底进行怎样的产品介绍才能够引起客户的兴趣，关键就在于如何有一个精彩的开场白，在开场的前30秒内，我们的任务就是如何引起对方的注意并让他们愿意继续听下去。

开场白的基本原则是：能够得到客户的认同并购买我们的产品。应该适当地运用竞争对手的信息，变不利为有利。

第四步，需求确认。

一是产品介绍。在开场白过后就进行产品介绍，在产品介绍时一般都会从产品的外形、功能、优势等方面叙述。但是最重要的一点就是，此产品能够给客户带来怎样的利益，这才是他们真正关心的问题。二是学会倾听。在与客户交流的过程中，要专心地听客户说什么，在倾听的过程中了解客户究竟需要的是什么。有些销售人员虽然说的头头是道，但是到最后还是没有打动客户，为什么呢？原因其实很简单，因为他说的东西不符合客户的利益，不是客户真正需要的东西。所以，要耐心地倾听，根据客户的需要进行介绍才是真正有效的。

不仅如此，还要养成边听边记的好习惯。把客户的需求、谈话的内容认真地记录下来然后再做总结，找出问题所在。打完一个电话时千万不要忙着打下一个电话，花一点时间，总结一下上一个电话的经验。

第五步，异议处理。

在和客户交流的时候，我们经常要面对客户提出的各种各样的问题，一个成功的销售人员都将不利因素转化为有利因素，这不仅需要对产品有深刻的了解而且还需要掌握一定的技巧。面对客户提出的各种各样的异议，我们在处理这些异议的时候一切都要以客户的利益为出发点，向其解释。

商场如战场，要想在如今激烈的竞争中立于不败之地，我们就需要充分了解对手的动向，如产品的研发、价格、销售的策略等等这些都是需要密切关注的事情。从而采取一些相关的销售策略，赶在对手之前。了解业界发展的潮流，结合自身产品的特点，勇于创新，敢于创新。做生活的有心人，使自己的思维更加活跃，生活更加丰富。只有做到知己知彼，才有可能百战不殆。

伯恩斯坦的谈判策略：谈判的赢者有道

1965年，杰伊·伯恩斯坦刚组建了自己的公关公司，与伯特、小戴维斯、康拉德这些大明星刚搭上线。

有一天，杰伊·伯恩斯坦决定去拜访卡尔普。卡尔普那会儿正跟科斯比搭档拍电视系列剧《小过间谍瘾》。虽然卡尔普根本不认识杰伊·伯恩斯坦，但杰伊·伯恩斯坦闯进卡尔普的化妆室，像个打虎英雄似的，很庄重地宣布："卡尔普，我是杰伊·伯恩斯坦公关公司的杰伊·伯恩斯坦。你最好坐着听听我要说的话。你的事业正面临危机！"

卡尔普一时目瞪口呆，哑口无言。杰伊·伯恩斯坦指指屋里惟一的一把椅子，卡尔普坐了下来："危机？什么危机？"

"科斯比呢？"杰伊·伯恩斯坦低声问道。

"我们每个人都有自己的化妆室。"

"那好，"杰伊·伯恩斯坦说，"你知道外面谣传你们不和。但照现在传开的闲话，公众向着科斯比，不是你。"

卡尔普回答："其实也没有什么太大的关系。"

"卡尔普，如果你继续按照目前这样的状况发展下去的话，将会对你的事业造成一定的损失，对于这一点，我一点也不会感到奇怪。"

"事情真的像你说的那样糟糕吗？"

"是的，但我可以为你扭转局面。"杰伊·伯恩斯坦向卡尔普保证。

"太巧了，我正找人当我的公关呢，"卡尔普说着就握着杰伊·伯恩斯坦的手，"我喜欢你的风格，伯恩斯坦。我就需要你这种不要面子的人。"

杰伊·伯恩斯坦跟卡尔普签了约，卡尔普每月付1000美元。而且，从此他们成为了好朋友。

伯恩斯坦被认为是演艺界最出色的代理人和经理人之一，他之所以能够成功就是因为他能够放下面子，而且讲究谈判策略。如果你做到了这两点，你也可能会成为一个成功的人。

1. 销售谈判的主要原则

人们往往将"谈判"这个词狭隘地认为只是限于讨论一个问题。如果你将其他所有的问题都解决了的话，最后只剩下价格谈判，那么结果就只有两种：要么输要么赢。但是如果谈判桌上不止一个问题，那么情况就会截然不同，因为你总会找到一个交换条件促使双方达成公平交易。每个人谈判的目的都是不一样的。大多数的销售人员都会认为价格在谈判过程中占据着主导地位。显而易见除了价格因素其他的一些因素对于买方来说也是至关重要的。例如，产品的质量、外形、与同行相比有什么优势等等。有的人认为在谈判的过程中得到的好处越多越好，商场上只有永远的利益，没有永远的朋友。你或许觉得自己胜了，但是你的得寸进尺、过于贪婪让买方觉得你击败了他，你口中的胜利又有何意义呢？所以，不要把好处都一个人占全了，也要适当地留一点给对方，让他也有谈判胜利的感觉。

2. 销售谈判行为中的真假识别

销售谈判行为是一项很复杂的人类交际行为，它常常伴随着谈判者行为举止、心理、动作等多方面的、多维度的错综交往。

对于谈判行为我们可以粗略地理解为这就是一种游戏，只不过这游戏既严肃而又充满智趣。在这场游戏中参与者必须要遵守一定的游戏规则，都会各自尽力地寻找不知会在何时出现的谈判结果，但是可以肯定的是最终的结果都必须是在双方都能够接受的条件下产生的。这就要求谈判者应以一个真实身份出现在谈判行为的每一环节中，赢得对方的信赖从而把整个谈判活动维持下去。

但是谈判本身就具有一定的复杂性、手段性。谈判者往往都会以虚假的身份来保护自己，从而迷惑对手，以此取得最终的胜利。这样就使得原本很复杂的谈判行为变得更加难以识别，真假相参。

3. 销售谈判中的让步策略

销售谈判中所提到的的让步策略包括几大类：刚性原则；时机原则；利益最大化原则；清晰原则；弥补原则。这就需要销售员在具体运用这些原则时，要灵活机动地加以选择。

一般情况下，在销售的过程中往往都会想到要注意一定的销售技巧。在双方快达成协议的时候，买卖双方都会尽力维护自己的价格，大多数的谈判一般都会把焦点集中在价格上。

例如，一位有经验的卖主会把自己的产品说得天花乱坠，从而把自己的产品价位提高；但是对于买主来说无论卖主把产品说得多么完美无缺，也会在鸡蛋里挑骨头，从不同的角度说出产品的不足从而将价格降到最低。最后双方都会说出很多的理由来支持自己的价格。最终，谈判的结果难免会陷入僵局，这点是毋庸置疑的。如果不是僵局，那么往往是有一方做出了让步，或者是双方都各自做出让步从而达成一个都能够接受的结果。这样的谈判方式，在销售活动中是非常普遍的。

以上所谈到的谈判方式称之为"立场争辩式谈判"。其特点是：谈判双方都会为了自己的立场而去争辩,通过双方的让步而达成最终的协议。这种谈判方式属于最传统的、最普通的谈判方式。许许多多的谈判技巧也都是以这个出发点为核心来谈的。

如果大家都在商业活动中遵循这样的谈判原则与技巧,就容易使谈判陷入一种误区。这样的谈判方式是不可取的,有时还会使双方闹的不欢而散,甚至还会破坏今后的合作机会。

第05章
产品宣传：
不怕卖不掉，就怕不知道

不论在产品市场还是服务市场中，竞争给消费者提供了更大的选择空间。此时，影响消费者选择与决策的因素已经不仅仅是产品本身，而是在产品、服务与消费者之间扮演桥梁角色的销售人员的宣传能力。

王府井大街的洗衣机：产品展示，实证说服

一个家电企业生产出一种质量非常好的洗衣机，这种洗衣机运行几千次都不会出现故障。

为了让大家熟知并且迅速占领市场，厂家想出了一个奇妙的宣传方法：为了向消费者证实这种新研发出的洗衣机能够"连续使用几千次不会出现质量问题"，厂家做出了一个重要的决定，那就是在人口来往比较密集的北京王府井大街的黄金地段租一个小亭子，然后把刚研发出的洗衣机拿出来供行人参观。

放在王府井大街上的那台洗衣机完全处于启动状态，而且那里只有一台洗衣机根本不存在这台坏了换台新的。那台洗衣机渐渐地吸引了行人的关注，在群众的监督下那台洗衣机运行了几千次都没有出现任何质量问题，一致得到了大家的认可。经过这次成功的宣传后该厂家生产的洗衣机迅速地占领了大片市场，成为消费者心中最信赖的产品。

成功的产品展示和解说是有效说服客户的方式。要让客户信任并接受，就需要很好地把产品呈现给客户。这家企业就是运用了有效的展示和产品实证，让客户接受，在激烈的竞争中占领了市场。

优秀的产品展示是销售成功的重要环节。优秀的产品展示要具备四个要素：销售员、客户、销售辅助工具、创造性运用销售展示的方法。

销售辅助工具可以用来做进一步产品特性的展示，经常使用到的销售辅助工具有：产品本身、视听工具、标记板、图表、海报、投影、目录、计算机等。

采用销售展示方法往往能够让客户更容易接受，常常采用的方法如下：

（1）在对产品进行展示时，尽可能地让客户亲身体验一下产品的使用效果，再加上销售人员生动的描述和产品本身的优势，就会促使客户购买产品。

（2）运用新颖精致的产品说明，简单有效地对产品的使用方法、注意事项进行阐述，引起客户的兴趣。

（3）要注意运用艺术性技巧，激发客户的兴趣从而购买。例如，打比方、举例证、场景假设等。

（4）要想说服客户，你所举的例子不仅要充分有力而且还要有一定的真实性、代表性，还要进行生动的叙述。

大多数的销售人员都曾经因为遇到这样的问题而苦恼：明明已经向客户介绍了有关产品的基本信息，而且没有一点夸张。但是客户还是不太放心，他们究竟担心什么呢？这不仅让销售人员觉得难以理解，客户自己或许也不知道。面对产品遭到了客户的质疑，即使销售人员把产品说得再天花乱坠也是无济于事的。这时就需要销售人员用精确的信息或者是数据来解释，这样就可能会消除客户心中的疑虑从而增强客户对产品的信赖。

在向客户做产品介绍时，销售人员要做到以下几点：

（1）在产品展示的同时要用欣赏的眼光去介绍产品，这样客户才能用同样的眼光对待你的产品。

（2）在产品展示的过程中让客户参与其中。通过向客户询问的方法来更好地掌握客户对产品的看法，这样不仅能够引导客户还可以使其最终决定购买。通过客户亲自体验产品，让他们想象拥有产品之后的感觉，以此激发客户的兴趣，还会增强销售人员对产品推广的信心。只要有可能的话就让客户自己动手去体验，在客户即将体验时你应该告诉他可能发生的结果是什么，这样客户才会把注意力集中到正确体验的方向上，才会有利于销售人员进行下一步工作。

（3）产品介绍方法要新颖，语言要生动。如果能打个形象的比喻，就能让客户更好地理解，可以多用形容词。尽可能地将形容词数字化、形象化。在对产品进行介绍时，你可以借助讲故事的方法向客户介绍产品的故事，在介绍的时候要准确地把握语言节奏，适时停顿。如果说得非常流利，在客户还没有反应过来你就说完了，那么这就会使你在客户心目中的形象大打折扣。

（4）运用实例说明问题。通常运用实例来说明问题其用意在于加深客户对于产品的印象，如果你举得这个例子本身就不够准确和真实，那么它就会失去原有的意义。如果让客户发现这个例子是忽悠他们的，他们就会认为销售人员及企业在愚弄和欺骗消费者。这样的消息一旦透露就会给企业带来恶劣的影响。

在举例交谈的过程中要想给客户留下深刻的印象，就应该借助一些影响力较大的人或事来加以说明，以此来加深客户对产品的重视和信任。比如：著名明星××从几年前就开始用我们公司的产品，由于效果还不错我们之间一直保持着良好的合作关系。

权威机构的证明自然更具权威性，其影响力也是不可小觑的。当客户对产品有疑问时销售人员就可以使用这样的方法来打消客户的疑虑。例如，"对于本产品的质量您大可放心，它已经得到××协会的认可，在经过严格的调查之后认为已完全符合国家标准……"

如果能够得到公司的允许，销售人员也可以把自己使用产品的体会告诉客户。这样不仅可以得到客户的信任而且还会消除与客户之间的距离感。如果连自己都不使用自己的产品，又何谈让客户去购买呢？

被医生拒绝的老销售员：最具说服力的是质量可靠

有一位医生，他以前一直使用某家药厂的产品，突然有一天，他不再使用该药厂的产品了。为什么？因为有一位熟识的销售人员到他的诊所丢下一瓶药说："这个是能让你根治哮喘的药。"医生很生气地说："你还真有胆量对着我说这种大话。你以为你的药有那么神奇的功效吗？"

其实，就解除症状而言，这种药还是蛮有功效的，但是哮喘仅靠它是无法根治的，有太多因素使哮喘发作，心理受到影响也可能是发作的原因。

如果销售人员实事求是一点，比如说："医生，根据大规模的而且在病人不知情的情况下所做的实验显示，这种药物对80%的哮喘病患者有减轻症状的作用。"这样说，也许医生就会仔细阅读那份报告，并增加处方量。但是售药人员的那一番大话，让医生觉得实在没法跟这种弄虚作假的人打交道。

对于销售人员来说，质量胜于一切。尤其是对于新客户来说，初次打交道，不但彼此之间缺少了解，更谈不上什么信任感，为了减少日后舌战之苦，你必须向他推荐质量过硬的产品，才能让他对你产生信任感并成为老客户。

有人说"把自己的产品说得天花乱坠是非常愚蠢的，因为你的谎言总有一天会被揭穿。"所以说保证产品质量才是成功的第一步，才能够真正地征服人心。无论销售人员多么聪明能干，产品如果没有过硬的质量保证，照样是没有用武之地的。销售技巧的运用源于产品质量的保障，只有这样才会有顾客源源不断地光顾。假如你销售的是一堆假冒伪劣商品，相信尽管你磨破嘴皮子，也没有人理会你的产品。

俗话说，"酒香不怕巷子深"。你有上好的产品，过硬的质量保证，再加上完美的销售技巧，还用发愁没有顾客吗？但是千万不要过分地宣传超出产品质量水平的效果，那样不但不能留住客户，而且还会毁掉你的声誉。用事实说话，用质量证明，用服务征服，远比任何花言巧语都管用。

顾客因为质量信任你，这是销售成功的最基本的前提。老客户了解你的产品质量，他可以不断地惠顾。但是，新客户又对你认可多少呢？惟一的方法就是用事实说话，加上你颇具技巧的销售语言，不妨再给新客户一段时间的试用期让他去检验。

现在市场上有些商家推出了在一定时间内，如出现质量问题保换的措施。实际上，这就是我们所说的用质量保障来征服客户信任的技巧。如果客户用了你的商品，认为质量不错，他不但认可你，可能还会再来，甚至免费为你宣传。这样，他的亲戚朋友有可能也会成为你的客户，这种成功率会在90%以上。他们的目的很明确，就是购买你的商品放心，其他的几乎不用你再费什么口舌。这种飞来的利益就是绝对的质量保证带给你的。

许许多多的产品都是需要客户自己亲身去体验的，不同的人对同一件产品的体验和看法是不一样的。这时候就需要销售人员找一个理由去向客户做出合理的解释，从而说服客户购买，但是前提是产品的质量必须要有一定的保障。一件质量好的商品能给你带来无限财富，而次品只能毁掉你的声誉。

多个盒子就好卖：
运用新颖的包装扮"靓"商品

有一次，金克拉去缴纳罚款，他走进办公室时，一位年轻漂亮的小姐正在值班，当他把钱交到小姐手里时，他忽然有了一个念头：我推销的商品说不定这位小姐正需要。于是金克拉抓住这个机会与她搭话说："小姐，我想问您一件事情，可以吗？"

小姐微笑答道："请讲吧。"

金克拉问道："您一个人住吗？我想您应该有许多钥匙吧？"

小姐说："是的。"

金克拉神秘地说："你们单位同事是不是都有许多钥匙？"

小姐说："是的，你问这干什么？"

"有一件非常好的，现在和以后你们一定用得上的东西，您看了一定会喜欢的。如果您喜欢而又觉得适用，您会省下一些钱把它买下吗？"

"也许会吧。"

"这件东西就在我的包里，是件非常漂亮的东西。您愿意花一点时间看看它吗？"

"我愿意看看。"

这时，金克拉拿出来一条钥匙链的样品，随后又自己亲自示范，完成后他很有礼貌地问那位小姐是否喜欢。

只见那位小姐不屑一顾地回答："只不过是一条普通的钥匙链。"很显然，那位小姐不喜欢，也就没有购买的欲望。

金克拉随后问："小姐，您觉得，您的同事们会喜欢它吗？"

小姐甩了一句："你以后过来找他们吧！"说着就去忙其他的事情了。

金克拉很失望地驾车回家了，金克拉在回去的路上看见一家礼品店，生意很红火，于是灵机一动就开车过去。他从礼品店里买回了许多漂亮的包装盒和彩纸带。给每一条钥匙链都精致地包装起来并贴上标价。他把购买包装盒的价钱加进去，钥匙链的价格比原先高出了一大截。

金克拉第二天就带着这些东西上路了，去的还是罚款开票室，他一进去，那位小姐就认出他来了："你昨天不是交过罚款了吗？"

金克拉不紧不慢地说："我是来让您看我的钥匙链的。"

小姐说："不是告诉你，我不买吗？你这个人真奇怪。"

金克拉说："可是您并没有说您的同事们不买呀！"

于是他走向另一位年轻的小伙子，掏出了他的商品向他展示："这种钥匙链是最新款的，现在市场上特别畅销，许多年轻人身上都挂两三个，可以当装饰品的。"

小伙子眼睛一亮，顺手接过了精致的小盒子，拿在手里翻来覆去地看。金克拉接着说："先生，您想要几个？"那位小伙子要了两条，连价钱也没有问。后来，其他的人也围过来看，就连来交罚款的人也被金克拉的钥匙链吸引住了。

那位小姐也被吸引过来，她红着脸责怪金克拉说："你昨天带的不是这种类型的钥匙链。"金克拉说："我昨天带的是样品。"

当然，那位小姐也买了两条。那一天，金克拉的推销不但引起了办公室里那些人的兴趣，他还赚取了前来交罚款的人们一笔不小的钱。

试想，如果金克拉先生第二天还是拿着原来的商品，不进行包装，一进门就问："你要钥匙链吗？"他能做成那么多交易吗？精美新颖的包装能激起顾客的好奇心理，能使他们眼前一亮，他们自然会迫不急待地想知道这个漂亮的盒子里究竟装的是什么东西。当他们得到这种东西时，还要不失时机地进行热情的宣传，使他们根本就没有机会产生"原来只不过是一条普通的钥匙链呀"这种想法。

在产品宣传中，要么你的商品新颖别致，要么你的包装独具一格或相当有品位。否则，被顾客拒绝也不足为奇。还记得"买椟还珠"的故事吗？虽然那个消费者吃了大亏，但是最起码那位卖珠的人在包装上吸引了顾客。其实你也不妨运用这种"买椟还珠"的技巧，来打动21世纪的巨大的消费者群体。

即便在大型商场或者是普通的店铺，也可以运用类似的销售方式，把一件名不见经传的物品，加上一个漂亮的外衣，令它能喊出天价。事实上，确实会有不少顾客就是针对包装而购买的，这就是销售人员运用新颖的包装，让一件普普通通的商品吸引顾客目光的结果。

吉列公司的"荒唐"举动：具体地介绍新产品的特点

1974年，美国吉列公司曾做出被同行们视为不可理喻之举，那就是推出了面向女性的雏菊牌专用"刮毛刀"。

吉列公司的推销员松太郎相信自己公司的这个新产品将具有高度的市场创造性。所以，松太郎满怀信心地带着这个新产品会见了他的客户。

松太郎如约去见了一位女客户，他看到了这位女客户便面带微笑地说道："这是我们公司推出的新产品'女性专用刮毛刀'。"说着就从包里拿了出来。这位女客户一听是"女性专用刮毛刀"便很吃惊地张大了嘴："不会吧，只听过男性专用刮毛刀，还有这样的东西？"从没听说过女人也有刮毛刀，女客户接着问："它和我丈夫的剃须刀有什么不一样吗？"

这时松太郎拿出一个样品一边演示一边介绍说："这当然不一样啦！您看，一般男士用的剃须刀的刀架都是黑色或者是白色的，而这款刮毛刀所采用的是绚丽的彩色塑料以此来增加它的美感。刀柄上特意印了一朵雏菊图案，还把刀柄的形状改为弧形，以此来凸显女性刮毛刀的特点。而且采用这样的设计在使用时比较安全，不会伤害皮肤。"

那位女士边看边说道："这款刮毛刀的确比较不错，这是我第一次看到这样漂亮的刮毛刀。这样吧，你说个价钱，如果合适的话，我可以考虑的。"

松太郎说了一个合理的价格，那位女士自然也就买下了。于是，松太郎信心百倍地又开始约见下一个客户。

松太郎之所以能够成功地达成这笔交易，是因为他巧妙地运用了女性专用刮毛刀的新、美、巧，并毫不保留地将其优点展现出来，所以就自然而然地得到了客户的认可。

为了突出产品的优势，可以试将两种商品进行对比，一种商品当然是旧款产品，而另一种则是新款产品，其重点在于你要介绍产品的质量、性能、有什么样的优势，比如使用起来比较方便，既美观又大方等等。以此让客户觉得如果购买你的产品将会是一种明智的选择，一但客户认准了产品的优点，往往也就不会在乎产品的价格。例如，某销售人员在向客户推销一种新上市的电饭煲，介绍了商品质量上乘，功能齐全，款式优美等优点后，又说明虽然这种电饭煲的价格与老型号的相比高出360元，但是它的使用寿命是10年，如果把360元分成10份，每年只多花36元，只要再把36元平均到365天中，每天还不到1角钱，考虑到每天使用时的方便，

1 角钱又算得了什么呢?

销售人员在推销新产品时,首先应该突出它的新、巧、美,最好不要过早提出或讨论价格问题。在还没有提到价格之前,应该先让客户了解到有关产品的一些优点。从而让客户知道这件产品的价值所在,等"新颖"的印象已被对方接受时,再提出价格,这种方法最稳妥,它能拢住顾客的心,不会让顾客一看到产品就先被价格吓住了。

新产品和老产品相比较来说,在价格方面可能会比较高。但是只要你能够让客户觉得买下它是值得的,那么价格往往就是可以被忽略的,或者是次要的。

比如,一部最新研发出来的新款手机即将上市,到底怎样才会得到消费者的认可呢?销售人员通常都会拿起手机向顾客介绍并展示这款新手机的多功能用途。比如说:"点击联系人就可以视屏通话、自动连接无线网,并且可以随时进入聊天室与朋友聊天,同时还可以帮你控制一些家电设施。还可以进行自动的卫星定位,只要你和你的亲朋好友通电话,你就会清楚地知道他们所处的地理位置……而且款式都是目前最时尚的,外壳也是采用世界尖端的技术配置而成等。"如果你是消费者,面对如此多功能的新款手机,你怎能不心动呢?这时如果遇到一位正准备购买手机的客户,在一般情况下,他不可能无动于衷!先不说他是否能买得起这部手机,但是至少它是被关注的。

摩托罗拉手机广告:产品好广告策划也要好

2006年春摩托罗拉公司隆重推出专门为年轻人打造的一款外型时尚的MOTO—8603G手机,这款手机的优势在于大大地减少手机对人体的辐射,环保的效果非常好。在广告宣传上摩托罗拉公司打出了既时尚又环保的口号,同时让现在的年轻人意识到地球上宝贵的资源是有限的,并且这些资源正在渐渐流失。让他们认识到保护地球上宝贵的资源是每个人应尽的责任和义务，让他们明白在追求时尚奢华的同时也不能忘记保护地球上仅有的绿色资源。

广告创意设计上，主要以电视广告为主，在视觉效果上给予观众以眼球上的冲击，从而迅速建立"既时尚又环保"的新概念。在品牌建立后，主要以杂志、报纸、广告等方式来提高产品的知名度。当时全国人民都沉浸在2008年北京举办奥运会的喜悦当中，于是又提出了绿色奥运的口号。其产品的理念刚好迎合了时代发展的主题，也更加深化了产品的品牌概念，定能够取得意想不到的结果。

在电视广告设计上，全方位地表现"绿色时尚"的各个方面。其设计主题以年轻时尚的生活为主，运用一些高端的电脑技术来营造地球缺少资源后的状况，做成宣传片，以此来警示年轻人对于"绿色环保"的重要性。

摩托罗拉公司所推出的这款MOTO—8603G手机，有最受年轻人欢迎的MP3功能，此功能可以支持多种音乐格式。宣传时重点对以上几大特点进行广告宣传，这款手机上市后很快就得到了广大追求个性和时尚的年轻人的青睐。

以上的案例表明，一种新产品研发后要想快速占领市场并得到消费者的认可，最好的方法就是做广告从而加深产品在消费者心中的印象。广告作为企业树立形象的媒介之一，同时也是让社会公众充分了解以及掌握企业及其产品的载体。一个成功的广告背后一定有一个强大的团体，包括应该进行怎样的广告策划才能有效地发布，形成一个好的反响从而树立企业形象、突出企业优势、进一步扩大产品的销售量，以此来提高企业形象，带来持久的经济效益和市场效应。随着市场经济的快速发展，竞争也越来越激烈，在企业经营管理中广告越来越成为竞争中必不可少的市场利器。

所谓的广告策划是指以广告调查为主对市场进行调查，系统地制定广告策略，以及方案实施的全过程。

广告策划可分为两种。一种是宏观广告策划，又叫整体广告策划，它指的是在同种广告目标下对所有的广告活动进行系统性预测和决策，其中包括针对市场调查、策划、确定目标、经费预算等所有环节进行的总体策划。另一种就是微观广告策划，又叫单项广告策划，简单来说就是将整体广告策划的全过程再进行策划。无论是哪种广告策划，其目的都是为了提高产品的"附加价值"，提高企业在竞争中的获胜机会从而提升品牌形象。

《化妆舞会》的首发式：巧妙制造悬念

1980年，美国人基特·威廉姆斯写了一本名为《化妆舞会》的书，在这本书的首发式上，基特·威廉姆斯说了这样一段话："我写的这本书是一本儿童书籍，我非常希望小朋友们能够喜欢我这本书。我出版这本书，一方面是为了答谢小朋友的支持，另一方面，我还出了一道题，这道题就是书中的那幅画，小朋友可以根据书中的图画或文字信息来猜出'宝物'藏在什么地方。因为我想给小朋友一个惊喜，这个'惊喜'是一只制作精美、价格昂贵的金质野兔。"

基特·威廉姆斯说这些话的地点，是全美国最著名的书店，而这次首发式，威廉姆斯还请来了明星给自己助阵，还有许多媒体的记者朋友。第二天，各大报刊杂志和电视台都相继报导了这一神奇的《化妆舞会》的首发式，一下子整个城市几乎都为之惊奇，一夜之间人们好像都知道了威廉姆斯的《化妆舞会》。

接下来基特·威廉姆斯真正忙开了，这一家媒体采访完，下一家电视台又约上了，大家争相关注，不过是想弄个明白，书中说的"宝物"真的是一只金兔？这种效果正是威廉姆斯想要的。

威廉姆斯的《化妆舞会》成了一本众所周知的宝书，在当时，销售量连升不下，出版社也加印了许多次，才勉强满足读者的需要，不但数以万计的青少年买，成年人也怀着浓厚的兴趣按自己在书中得到的启示到处寻找藏宝物的地点。这样一来，《化妆舞会》就成了众多寻宝者的指示图，内容看没有看是两码事，买到书的第一件事情，就是观察那幅图开始研究和分析图中的藏宝地点究竟在哪里。据说当时那本书畅销的时候，在美国的土地上留下了无数被挖掘的洞穴。

因为宝物只有一个，当然一般的人只是空手而归，也只有埋怨自己的运气不好，却没有一个人指责作者威廉姆斯，因为最起码他的那本书给大家的生活带来了一丝灿烂的阳光，它也可以说是作者威廉姆斯和众人开了一个神话般的玩笑，他让那些成年人又重新回到了安徒生的童话世界，让孩子们真真正正地体会了一下童话故事中的主人翁的角色。最后，一位48岁的工程师在城市西北的一个小村庄里发现了金兔子，这个时候一场大众共同参与的"挖穴运动"才宣告结束，而《化妆舞会》此时已经售出了3200多万册。

1984年，威廉姆斯又写了一本关于一个养蜂者一年四季养蜂变化的书。这本小册子只有30页其中还附有16幅精致的彩色插图，它的书名就包含在那些文字和幻想中的图画里。这本看似很平凡并且还没有书名的书却能够同时在7个国家发行。

按照作者的承诺读者可以不分国籍、高低贵贱只要能够猜出此书的名字，就可以得到一个镶着各色宝石的金质蜂王饰物，此物乃无价之宝。但是书名不可以用文字来表示而是要将自己的理解通过绘画、歌曲、雕刻等形式表现出来，还可以用编入电脑程序的方式诏示出书名。由威廉姆斯从读者寄来的这些实物中悟出他们想要传递的信息，然后再将这些信息翻译成文字。虽然，谜底有点难，但是只要细心读过这本书的人，大多数猜的已八九不离十了，但是往往只有想象力丰富心思缜密的人才能够获奖。开奖日期定为这本书发行一周年之时。等到那时威廉姆斯将从一个密封的匣子里拿出惟一一本写有书名的书，其书中就藏着那无价之宝——金质蜂王。仅仅不到一年的时间此书的发行量就突破了百万册，到最后到底是谁获了奖已经鲜为人知了，但这本没有名字的书使得威廉姆斯本人闻名世界。

这就是威廉姆斯巧妙运用轰动效应来推销自己新书的两次成功例子，书是一种文化产物，它最容易引起人们的关注，所以这种商品也比较适合运用这种方法来制造声势，而威廉姆斯成功的关键，就是抓住了人们好奇的心理，找到了拓展市场局面的方法，而且也找到了销售渠道。

所以，找一个人们最敏感的话题，巧妙地利用它，也许同样能改变目前你的销售僵局。

"制造新闻"往往聚焦于人们密切关注的一些人或事，人为制造一些虚假的但具有较高新闻价值的事件，它传播的速度比较快、影响的范围比较广，以此来进行一些新产品的宣传和推广。

销售人员在使用这种推销方法时，一定要选择大多数人关注的焦点或者是使自己的推销品成为众人关注的东西。巧妙地制造轰动效应是一种很好的推销方法，尤其是新产品在开拓市场的时候效果更明显。新产品往往会碰到卖不出去的时候，原因并不是产品不行，而是没有找对推销的路子或者说让人们接受的方法。

巧妙地给新产品进行推销和宣传，是必不可少的。要想在短时间内，让更多的人知道这种产品，除了广告以外，还应该有一些能够引起人们注意的方式，不然，在忙碌的生活和工作中，谁会去关注和了解你的新产品呢？人们不理会，不用怕，不妨想办法制造一些轰动来引起众人的兴趣，使之在人群中广泛引起讨论，甚至让媒体也积极参与，你的新产品就再也不愁"养在深闺人未识"了！

王小石的面馆：让顾客看见就是最好的广告

王小石的面馆终于顺利地开张了，面馆主打的是鸡汤面。王小石每天要准备10只鸡，凌晨三点钟开始熬制鸡汤，约3个小时熬好，之后将鸡肉和骨头捞出来，切成小块，鸡汤放在汤锅里，每碗面里加一些进去为高汤。这样，王小石的面在口味上有很大的优势，虽说比旁边的面馆每碗贵了1元钱，但生意也还不错。

旁边几家面馆看到王小石推出来的鸡汤面生意不错，也纷纷跟着做鸡汤面，王小石的生意一下子就被分流了不少。王小石是个细心的人，观察了一段时间，他发现周围的店都是从市场买来鸡头和去了鸡肉的鸡架，这些都是加工企业剩下的边角料，价格比鸡肉便宜多了。把这些边角料加上一些猪腔骨一起熬，出锅前再多加一些鸡精，这样做出来的高汤口味上和全鸡熬出来的虽有区别，但不是很大，尤其是在一些麻辣味重的面中，根本感觉不出来。

这下王小石遇到难题了，由于新开张，特色又被人模仿，现在丝毫优势都没有了。

王小石找到表哥陈明，向他诉了一顿苦。陈明听了后帮他分析说："王小石，你现在最大的问题是，没有让顾客很直观地知道你的鸡汤是货真价实的。如果你能让顾客眼见为实，效果就会不一样。你可以尝试一下，早上六点左右开始营业时，把熬好的鸡肉和鸡汤放在大砂锅里，不盖锅盖放在店门口最明显的位置，当着顾客的面继续炖，鸡汤的香味飘出来就是最好的广告。如果顾客能亲眼看到一只只鸡从锅里捞出来，鸡汤也是当着他们的面盛出来的，他们是不是有种货真价实的感觉？你的难题不就解决了吗？"

果然，王小石现在摆在店门口的大砂锅成了那条街上的一个特色，路边经过的人出于好奇,凑过来一看,都被大砂锅里飘出来的香味打动,多半会走进店里吃一碗鸡汤面。其他店也有再跟着王小石的方法学的,不过,简单地跟在后面学,生意总是赶不上王小石这第一家了。

一般说来,在客户还没有付钱之前就让客户充分地体验到产品的优越功能,只有这样才符合"交易安全"的消费心理。听别人说得再好都不如自己亲自体验一下。尤其是面对琳琅满目的商品而且市场竞争非常激烈的今天,商家必须进行体验式营销。

陈明的办法其实就是体验式营销,虽然是个很老套的营销方式,但对于解决王小石的难题确实很有效。体验式营销是一种双向营销方式,顾客参与程度越强,对产品的认可度就越高。所以我们在生活中常见到超市和商场门口有很多现场的促销活动,工作人员拿着产品让顾客去体验、去试用。只有让顾客眼见为实,直接看到商品的好处,感受到商品给自身带来的利益,顾客才会很放心地购买,并且很容易成为你的忠诚顾客,甚至还会帮你做宣传。

日本SB公司:找到激起顾客强烈反应的焦点

富士山是日本民族的骄傲,日本SB公司利用日本人对富士山的特殊感情,人为"制造"了一场轰动效应。

该公司为推销新研制的咖喱粉做了广告:"富士山将旧貌变新颜了。本公司将雇用数架飞机,满载黄色咖喱粉撒在雪白的富士山顶,这些咖喱粉是我公司新近研制出来的最新口味的产品。届时,人们将会看到一个金顶的富士山。"

这不啻是水滴油锅,一时舆论哗然,SB公司立即成为各传播媒介的议论中心,斥责之声蜂起:富士山乃日本国民所有,岂容SB公司胡来……各种议论、指责正中策划者下怀，几天之后，公司在报上做出表态："本公司本意在于美化富士山，如今考虑到社会的强烈反对，决定撤销飞机撒咖喱粉的计划……"于是峰回路转，SB公司由此名声大起，其新研制的咖喱粉畅销一时。

要使产品在客户中间形成轰动效应，关键是看如何去抓住客户的心理，使产品能在客户心中产生强烈的共鸣。如果能做到这一点，那么你的推销也一定能收到意想不到的效果。

有这样一种说法："换一个角度思考你就是第一。"无论是在业务上还是在生活中，如果遇到困难，不妨换一个角度思考问题，即使这个想法行不通，总有一个方法是行之有效的。销售人员需要创新激起顾客强烈反应的焦点，只有不断地吸收新的东西，并创造新的东西，打破固有的思维方式，采取积极的策略才可以做到这一点。

第 06 章

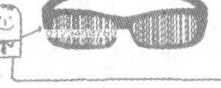

了解顾客：
销售人员要懂得顾客心理

每次销售从一开始到完成交易，只有了解顾客心理，才能更好地完成。不懂顾客心理的销售人员，往往会得到适得其反的效果。在成为一个优秀的销售人员之前，你要成为一个优秀的调查员。你必须去发现、去追踪、去调查，直到摸准顾客的一切。不能很好地了解顾客的心理，就会影响到销售的全局。

第06章 了解顾客:销售人员要懂得顾客心理

大卫的名牌战术:懂得男顾客都爱面子

星期六的早晨,大卫让员工小王把一箱刚进的衣服挂出去,分别列在橱窗的两侧,把颜色好的单挂了出来,摆完之后,大卫让小王在每件衣服上放一个价签。一个价签上是120元人民币,另一个价签写上240元人民币。小王不解地问:"这是为什么?这些衣服都来自同一个厂家,并且质量也都一样,而一个价钱贵很多,顾客能买吗?"大卫回答:"每一种产品总会有一种以上的市场需要。"

后来,小王发现,顾客不一定都选择最便宜的,有的男顾客看见价格便宜的,很是不屑一顾,他们觉得价钱高说明牌子好。甚至连比较一下都懒得动。他们常常会花大钱购买衣服,而且这种男士大有人在。

同一种商品,紧挨着摆成两排,标上不同的价格,但有人就是愿意买贵一点的,为什么?小王很不解,大卫顺利地卖掉了240元一件的衣服,而那些价格标得低的却成了积压货。后来,有经验的大卫给小王解释说:"有的客户,尤其是男客户,更愿意买贵一点的东西,他们觉得那是他们最好的选择,他们认为这种价格高一点的衣服,质量更好,穿上去也气派。知道吗,他们不仅是在买商品,同时也是在买满足感。"

成功的销售人员都善于揣摩顾客心理,并不惜改变自己去适应他们。投其所好,是抓住顾客的关键之一。

对于男顾客来讲,他们的需求是什么呢?男人不管是出于自尊还是虚荣,都是爱面子的。他们总是希望自己在他人眼中是个成功者的形象。因而他们追求品牌效应的心理就非常强烈。那么,满足男士对名牌的需求就是销售技巧的主攻方向。

此时切忌用价格战来吸引他。首先要了解男士买东西的心理，他们大多都是比较偏重于名牌的，至于价格，在这类人群当中，一般不起太大的作用。

在男人看来，名牌是一个人的身份、地位、修养、品味和成功的象征。男人一般出入的场合都是比较正式的，所以对于服装搭配的要求也是比较高的。

名牌产品一般来说比较能揽住男顾客的心。假如进你店里的是一位风度翩翩的男士，你向他介绍说你的产品是假货，但是价钱比市场上的真品便宜得多，相信这位男士不但不会买你的东西，还会觉得自己呆在你这个店里有失身份，你在亵渎他，他会逃也似地溜掉。

对待这样的男性顾客群体，应该多观察他们的购买动机和喜欢哪一种档次的品牌，做到有的放矢。从销售的角度来考虑，顾客是多种多样的，喜好也有所不同，不要盲目地把自己觉得卖得不错的产品强加给顾客。这样做不但不会共享交易的快乐，反而会让顾客觉得不舒服。

巧妙地利用名牌来吸引男顾客的目光，是销售技巧中最常见的，也是很有效的。当然，一种产品卖不同价格是有失公允的，抛开它消极的一面不谈，但最起码说明大卫掌握了男顾客的一种心理需求。从这方面来看，他的销售技巧是成功的，并且获益匪浅。

当有一天，你面对男顾客不知所措时，不妨拿出名牌商品来，说不定你的推销成功就要来临了。

戴卫的高帽子：给予对方荣耀感以赢得交易

艾威尔是一家公司老板，戴卫是一家销售多功能打印机的推销员。一天戴卫约好时间，到艾威尔公司去洽谈业务，这不是他第一次来这里了，并且也不止一次地向艾威尔推销，艾威尔始终拒戴卫于门外。这一次，戴卫做好了充分的心理准备，决定在艾威尔面前出色表现一把。也许是艾威尔经不住戴卫的再三纠缠，终于决定和他谈一次。

当戴卫进入艾威尔公司时，前台小姐告诉他，老板正在开会，请他稍等一下，但是戴卫说："艾威尔先生让我这个时间准时到的。"

于是，前台小姐拨通了电话说："有位戴卫先生急着见您。"通报之后，前台小姐领着他到了一个房间的门口，说："请进吧。"

戴卫敲门进去的时候，以为自己走错了房间，原来他进的是一间大会议室，里面正在开每周例会。"进来！"戴卫听到这个声音后，才知道自己没有走错门。他看到艾威尔坐在会议室的那头。戴卫害怕了，不知道艾威尔葫芦里卖的是什么药，是不是故意想出他的洋相？既来之则安之，戴卫干脆一不做二不休地找了一个位子坐了下来。

戴卫听完了他们会议的结尾部分。最后，艾威尔对大家说："这位戴卫先生是向我推销他的多功能打印机的。我觉得对于我们来说没有用，我们以前用的不是好好的吗？有没有必要再浪费钱去另外购买新的？请大家听听他的介绍，顺便帮我参考一下。"说到这里，会议室里的人都把目光移到了戴卫身上。这时戴卫终于明白了他的用意："他想以此办法，阻止我以后再打搅他。"

但戴卫并没有被这种阵势吓退，他开始有针对性地进行了简单介绍："我们的产品是目前最先进的，功能比原来多了几倍，并具有多种语言转换

功能……"介绍完之后,戴卫把目光转向了艾威尔,并提高声音说道:

"艾威尔先生是很有魄力,又很有品位,他作为这么大一个公司的老板,没有单独决定购买我的多功能打印机,而是利用大家开会时间把我约来,目的一定是征求大家的意见。我知道,艾威尔先生应该用这种先进的产品,因为他需要更快捷的工具来辅助他的工作。像他这样具有显赫身份的人,都在用我们的产品。我相信,这种新产品会给艾威尔先生和贵公司创造高效率的。"

戴卫的这番话确实感动了艾威尔,员工也不好意思再说什么,并且认为老板的民主意识够高的了。

戴卫成功了,艾威尔和他签了订单。这是戴卫没有想到的结果,他的这次成功,一直以来都让他引以为豪。

这个例子巧妙地运用了"贵人用贵物"的戴高帽的方法,一来让对方觉得自己是功成名就的显赫人物;二来也让他在员工面前发扬了民主。戴卫给艾威尔戴的帽子很高,并从言语中让老板觉得不买就没了面子。其实,只要这类顾客的荣耀感的按钮操纵在你的手里,就等于握紧了他的购买命脉。

人在很多时候需要用荣耀感来满足自己。尤其是有身份、有地位的人,假如你在成交之前给他戴一顶高帽子,特别是他有朋友在场的时候,那么,你的成功率就非常大了。

有经验的推销员总会在不经意间利用这种技巧诱使顾客购买。

对于组织者那些蒙人的伎俩是应该憎恶的,但这种技巧却可从反面加以借鉴。

销售人员要想赢得最大的利益,必须想出能使不同群体的顾客接受的理由,让顾客心悦诚服地自动掏腰包,并倍感荣幸地与自己成交,那才是高手。单就顾客而言,这种以荣耀感来打动他的方法就不失为很有效的促销技巧。

明星也穿这衣服：人人都有从众心理

客户："关键是这种衣服到底适不适合我，而且我也不知道穿上舒不舒服，最重要的是我买回去到底会不会穿。"

销售人员："肯定舒服啊！这是今年最流行的款式！"

客户："额……我觉得还是回去和朋友商量一下再做决定。"

销售人员："人家怎么能决定你喜欢不喜欢这件衣服，它是现在最流行的啊！难道你不怕等下次再来时，衣服被别人买走了吗？"

客户："怎么会，我觉得这样的衣服应该没有人敢穿出去。"

销售人员："你知道韩国名星××吗？她前几天做采访时穿的就是这件衣服，穿出来的效果真的很好看。据说，当时她正为这家服饰公司做宣传。现在许多女孩对这种款式都比较喜欢。由于路程遥远，到现在才传到咱们这儿。况且，我们店是厂家直销，第一个进的他们的货。"

客户："是吗？哪一期节目？"

销售人员："就是上个星期日的电视×套，你在网上搜一下一定也会看到。不如这样你先买回去在上网对比一下看看是不是和这件衣服一样。"（这时一定要有依据，确实得真的有这样一回事。）

客户："真的假的啊！这件衣服多少钱呢？"

销售人员："当然是真的啊！很便宜的，只要260元。如果穿着好的话再介绍其他朋友过来。"

这笔买卖总算是成交了，但是采用这种方法你首先必须知道有某位明星穿过。如果记不清是谁或者是在什么地方见过，不妨说："好像是××，在××地方，看我这记性的确是记不清楚了。"用这种方法不仅可以激起顾客追求时尚的心理同时还会让她们觉得："连明星都穿过这样的衣服，肯定是非常时尚的。"

当顾客说"不急"、"现在还不想买"等拒绝语句的时候，其实担心的是质量有问题或者有其他的顾虑：质量有保障吗？如果质量不行的话买了岂不是太亏了。如果这时你说"现在的明星都穿这种衣服了"，或者"现在那些时尚女孩子都买了"，那效果就会完全不同了，成功的可能性就八九不离十了。

这种利用从众心理去吸引顾客的目光和购买冲动的销售方法，在销售中也是很常见的，它通常利用一些偶像明星在人们心中的影响力和追求时尚的心理来达成自己的目的。

这已经成为销售人员的又一法宝。

销售人员能够巧妙地利用顾客的崇拜心理，请人们心中的偶像或者名模为产品进行代言推广。对偶像盲目地追随在女性消费群中占不小的比例，用偶像的魅力来感染客户，从而极大地激发顾客购买商品的欲望。比如，穿上这种衣服或者是用上这种产品自己就和心目中的偶像有接近的感觉；用上这种商品，会觉得自己一下子提高了许多档次，自我感觉良好。

另一方面，销售人员在介绍商品时，强调某著名影星穿的就是这个牌子，这个型号，也会达到较好的销售效果。

从众心理趋向相当不好捉摸，尤其是当你面对顾客时，她试来试去，挑挑拣拣，即使你觉得这种商品对她确实是很不错的，但是最后她还是用各种各样站不住脚的理由来推辞。不管她说的是真心话还是故意找的借口，你都应该注意她那微妙的心理趋向。假如你的顾客是一个追求时尚的女人，那么，你不妨强调有某某时尚模特或影星就喜欢用这样的衣服或首饰，或者说现在时尚的女孩子都在穿这种料子的衣服，那么，她就会义无反顾地买下。

第06章 了解顾客：销售人员要懂得顾客心理

日本的自行车销售：抓住顾客的怀旧心理

在日本大阪，有一位名叫川子本田的推销员，他刚刚参加工作不久，在一个名为任你行的商贸公司，做自行车销售，川子本田加入时，正是这家公司最困难的时期。公司代理多家生产厂家的自行车，前几年效益特别好，生意红红火火，进货量也特别大。后来渐渐地，大家好像都不再骑自行车似的，有的人换上了摩托车，有的人开上了小汽车，来买自行车的人寥寥无几，这种局面让老板很着急和苦恼。

川子本田被派到一个小镇的销售点去进行实地推销。小镇上的人一般都是靠做生意赚钱，而且大部分都是家庭作坊，他们把作坊里产出的东西汇集到镇上，用大卡车运到城里去，每星期一大卡车过来拉一次。这里人们的生活非常富裕。几乎家家都有小汽车，自行车的使用率也不高。

有一天，川子本田的自行车行里来了一位老先生，他发鬓斑白，精神矍铄，他看了看自行车说："我想买一辆，我特别喜欢骑自行车在马路上颠簸的感觉。"川子本田问道："老先生，您这么大年纪了也喜欢这种新款自行车？"

老人严肃地转过头，对川子本田说："小伙子，我给你说实话吧，我不喜欢这种款型的自行车，我还是怀念以前那种老式的车型……"

川子本田经过和老人聊天后得知，那位老人的老伴在三年前去世了，在他老伴去逝以前，他们经常骑着他们共同购买的那辆旧式的自行车到城里去购物，他说："尽管那时儿子们都有汽车了，可是我们还是喜欢两个人同骑一辆自行车的感觉。后来，老伴去世了，由于老伴生前特别喜欢那辆已经很旧的自行车，所以，在她的葬礼上，我把那辆自行车烧掉了，让它跟老伴一块去吧，毕竟那辆自行车陪伴着我们度过了许多艰苦的岁月及后来的美好时光。现在，我希望能够拥有一辆那样的自行车。因为，我老伴喜欢自行车给人带来的那份静雅，所以，每年在给她上坟的时候，我和我的儿女们都是把汽车停放在远处，然后步行一段很长的路程去看她，但是现在不行了，走远路有些累了，所以我过来买辆自行车，希望在下一个月去看她的时候，能够骑着自行车去，可惜，现在卖的全都是一些新款的自行车。"

川子本田听到这里，知道老人所讲的那种类型的自行车，是在几年前就不生产的款型，但是，川子本田忽然想起，他好像曾在总公司提货的时候见过那种旧款的车。所以，川子本田仔细地问了那位老人他所说的自行车究竟是什么牌子的，认真地将这些一一记在了本子上，然后对老人说："先生，您所说的自行车类型也许我能够帮您找到，不过您别太着急。"老人一听激动不已，再三感谢川子本田，他希望川子本田能够圆自己的愿望，并且对川子本田说："小伙子，如果你能找到的话，就多给我订几辆，我有4个儿子，两个女儿还有10几个孙子，我希望到时候，他们都能够骑上老伴喜欢的自行车，我们一起去看她，价钱方面好商量，多少我都可以接受。"

在这位老人走后不久，又进来一位顾客，他好奇地问川子本田："这位老先生来这里干什么？"川子本田回答说："他想买自行车。"那位顾客笑道："不可能，他能买自行车？你知道他是谁吗？他是著名政府官员××的父亲，他的几个儿女都是大款，钱多得不知道怎么花了，来这里买自行车，哈哈……"

顾客的这番话听得川子本田直发愣，不知道说什么好了。但是，他又一想，说不定这次还真是个机会。

于是，川子本田就在当天晚上打电话到总公司，真巧，由于这几年自行车生意不再红火，公司的仓库里积压了许多各种旧款的自行车。并且每一款型大概都有一二十辆。这些东西成了公司这几年最头疼的事情，销毁吧又太可惜，卖又卖不出去，近期，公司为了清理库存曾想把它们捐给福利院。

川子本田知道仓库里还存有这些车，立刻激动地拨通了老人的电话，老人听了，半天没有说话，最后一连说了几个谢谢……

第二天一大早，老人就赶到了自行车销售店决定将仓库里所有这种类型的自行车全部买下来，一共有25辆。当天他们就签下了合约，老人先预付了一半的定金，货物一到，即付余款。

川子本田利用老人的怀旧情结将公司内积压的那种型号的自行车全部销售了出去。可见，利用顾客的怀旧情结来打动他们的心，是一种不错的销售技巧。

怀旧是一种情结，喜爱怀旧的顾客大都感情细腻，这就需要你把握住他们的心理与他们进行合作。从总体上来说，这种人喜欢趣味相投的人，他们很讨厌那些喜新厌旧的人。一般而言，这类人群有多年的社会经验，对某些旧事物产生了依赖心理。飞速发展的社会把他们的一切希望都扼杀在摇篮里，这会使他们非常失望。你不妨利用这一点对他们进行那些老产品的推销，牵动他们内心的怀旧情怀，这样让他们接受你的产品就容易得多了。

当你正在推销产品时，不妨多从侧面了解一下，对方是否具有怀旧情结。你可以细心地观察你的顾客，当他们看到老商品时是否眼前一亮，或者是走了之后又回过头来，表现出一副依依不舍的样子。如果是这样，你就应该抓住时机推销自己的产品，比如可以对老产品的一些优势做一些简单介绍，你可以试问，"小姐，这种商品您是不是曾经有过？""您是否想知道它从哪里来的？""您真有眼光，懂得这种东西价值的人并不多，看来您是一个很有品位的人"。用这些话就能探知对方是否真对这种商品感兴趣以及喜爱的理由。

买貂皮大衣的女人：顾客都有占便宜的心理

从前有一个卖衣服和布的商铺，商铺里面有一件非常珍贵的貂皮大衣，但是由于价钱非常高，所以一直没有卖出去。后来这个商铺里新来了一位伙计，他说他有办法能够在一天的时间里把这件貂皮大衣卖出去。老板有点不相信他的话，因为这件衣服在店里挂了很长时间了都没有卖出去，有些人也只是随便问问价钱然后就走了，要想在一天的时间里把这件貂皮大衣卖出去似乎是不可能的事情。

这位新来的伙计要求老板必须要配合他的安排，无论是谁来问这件貂皮大衣的价格的时候，都一致说是500两银子，但是它的实际价格却只有300两银子。

二人经过商量之后，伙计在前面招呼客人，掌柜的在柜前算账。眼看一上午就快过去了，但是一个人都没有来。就在这时来了一位妇人，在店里面转了一圈后看上了那件貂皮大衣，然后就问那位伙计："这件大衣多少钱？"

伙计故意装作没有听到，那个妇人扯大了了嗓门问道："这件衣服多少钱？"

伙计对妇人说："真的不好意思，我是刚来的耳朵不是太好使。请你稍等下，我去帮你问一下老板这件衣服多少钱。"

说完就冲着后面大喊："老板，这件貂皮大衣多少钱啊？"

只听老板回答说："500两！"

"多少钱？"伙计又问了一遍。

"500两！"

声音很大。妇人听得清清楚楚，觉得太贵了所以心里也不打算买。

这时伙计很严肃地对那位妇人说："掌柜的说300两！"

第06章　了解顾客：销售人员要懂得顾客心理

妇人一听心里觉得非常高兴，认为这个伙计听错了，这样一来自己足足少花了200两银子就可以得到这件衣服，想到这里欣喜若狂。又怕老板知道这件事情后就不会卖给她了，于是付完钱就急急忙忙地离开了。

这样，伙计很轻松地就把这件很久没有卖出去的貂皮大衣按照原价卖了出去。

伙计之所以能够顺利地把衣服卖出去就是利用了妇人占便宜的心理。销售人员在向客户推销自己产品的时候往往都是利用客户占便宜的心理，或者是使用价格悬殊的对比来促进销售。利用价格的悬殊对比已成为很多成功的销售人员用来俘获顾客的一种常用的方法。

顾客的这种占便宜的心理给了商家有机可乘的机会，例如一些女人在买衣服的时候，往往会等到价格降下来之后才购买或者是对方不降价自己就不买。于是有些销售人员就会告诉她们"我们已经是以最便宜的价格卖给你了"、"就快下班了，真的赚不了你多少钱"、"你是我今天的第一笔单，算是我图个吉利"。于是女人满意而归。像这样的情况随处可见，一些聪明的商家往往总能够让客户买完产品后觉得自己占了便宜。由此可见，大多数的客户都不怎么关注产品的真实价格，反而会买一些比较便宜的产品。

虽然每个顾客都有占便宜的心理，但是又都有一种"无功不受禄"的心理。所以精明的销售人员都会将这两种心理充分地结合起来，在还未谈事情之前送客户一些礼物或者是请客户吃饭，以此来拉近与客户的距离，进一步提高双方合作的可能。

贪图便宜是我们在日常生活中经常会遇到的现象。例如，只要一听到某某超市打折、促销或者是甩卖这样的消息，人们都会争先恐后地向这些地方聚集，以便购买到他们认为很便宜的东西。

大多数顾客都会选择物美价廉的商品，相信很少有人会说"我就是愿意花双倍的钱买同样的产品"。用最少的钱买最好的东西这是所有人都希望的事情。这就是人们占便宜心理的一种生动的表现。

超市的推销员：让价廉软化客户的心

费兰德是一家大型超市的推销员，他负责的是百货家用小电器区域，有一次来了一对老夫妇，他们在急切地寻找着什么，但在琳琅满目的货物区内找东西对他们来说还真费劲。

费兰德热情地走上前去主动打招呼，并关切地问道："老人家，你们需要买点什么？我能帮助你们吗？"

那位老先生回答说："我们想买一台微波炉。"

费兰德热情地将他们带到微波炉展示台前，给他们介绍各种不同型号的微波炉，但是，两位老人一直都在摇头。费兰德问："难道两位老人家不满意？"

老太太说："这不是我们要找的那一种款型。"

费兰德又问："老人家你们要找的是什么牌子的，什么型号的呢？"

"我们家里面以前有一台微波炉，是女儿从国外买来的，型号和品牌我们都不知道，因为上面写的全是英文，不过它特别好用，我们老两口都习惯用它了，无论它哪个地方稍有不佳，我们都能够自己解决。这么多年了，它的质量很好，也很少出毛病，可是不幸的是，就在前天，我们家小保姆在打扫卫生时，一不小心将它碰到地上，摔坏了。后来，我们就打听在哪儿能买到同款的微波炉。朋友介绍说，好像你们这个超市里有。但是，我们找半天了，也没有找到。"老太太说。

费兰德听完说："那您不妨试试其他牌子的吧！"

"不，不，我们不敢随便乱用。"老先生说。

"可是，您说的产品是几年前的，现在所有电器都在不停地变化着，更新着，美国现在也不可能再生产和您家里一模一样的微波炉了。"费兰

第06章 了解顾客：销售人员要懂得顾客心理

德真城地说。

"我们不想买新型的微波炉，这些高科技的玩意，我们恐怕一时半会很难适应。"

"老人家，没关系，我会帮你们挑选的。"

"这种东西，现在都这么先进，万一我们不会用怎么办，功能多了反而成了麻烦，我们怕不安全。"

"我教你们使用，很简单的，价格也便宜。"费兰德找出一款微波炉，对老人介绍说："这个微波炉，也是前几年生产的，相对来说也算是老产品了，并且功能也很简单，它的设计和安装都是比较正规的，你们用这样的微波炉，恐怕是最合适的了。"

费兰德开始详细地操作和讲解使用方法。后来，两位老人问："这得花多少钱呀？"

"不贵，在这么多的微波炉当中，它是比较便宜的，因为它的款型已经过时了，但是质量绝对有保证，最低价格是240元。"

"啊！这么便宜呀！"看来，这个价格出乎两位老人的意料。接着，他们又亲自体会了这台微波炉的使用方法。

费兰德说："这种款式就剩这一台了。您如果不喜欢的话，我还会给您再介绍其他的，只是价格要比这稍高一些。"

"不用了，价格低点，实惠，坏了也不会太心疼。"两位老人把微波炉的门开了关上，关上再打开，好像它已经是自己家的了。

费兰德的成功是他不但能够及时抓住老人的心理变化，而且灵活地运用低价位来诱导他们。费兰德给老人第一次介绍老款的微波炉时，老人并没有多大兴趣。但是接触之后，费兰德及时抓住了老人对价格的敏感而及时报价，让老人动了心。

销售人员大概都有这样的体会：无论自己的产品价格是多少，总会有人说价格太高。顾客还可能会说，"我可以以更便宜的价格在其他地方买到这种产品"，"我还是等价格跌落时再买吧"，"我还是希望您能够再便宜一点，毕竟它现在已经过时了"，等等。面对这样的顾客，如果你觉得不能再降低价格的话，你就必须向对方证明，你的产品价格是合理的，它是厂家为了发展新产品才以低价出售的，从而让对方真正了解到确实是比以前便宜了许多。

酒店的不速之客：给对方一顶高帽子

住在某星级酒店"樱花"包房里的是一位很细心的客人，他点了龙虾，但是为了防止酒店服务员调包，他把龙虾的两根须茎掐断，作为"标记"。过了一会儿，两盘龙虾先后被端进"樱花"和另一个包房里。

"樱花"包房的那位客人一看，发现龙虾并非自己做了标记的那只，就生气地质问服务员说："这只龙虾，肯定被你们用死的调包了。"他扬了一下刚才掐断的那根须茎："这半条须茎在我手里，可是这只龙虾的须茎是完整的，你怎么解释？"服务员愣了一下说："不会的，先生，我们这里从来不卖死虾。而且，凡是餐厅卖出的龙虾，我们都输入电脑的，如果您认为是错了，还可以在电脑上核实一下。"

客人非常固执。服务员顿了一下，然后，突然想起了什么："先生，我知道是怎么回事了，刚才另外一个包房里的客人也点了一道龙虾，也是3斤足的重量。"

"那又能证明什么？"客人露出了不屑一顾的神情。

"很抱歉，肯定是上菜的时候，把断须的那只给了他们，并不是我们有意调包，请您相信我，我们的龙虾都是活的。"

但无论服务员怎么说都无法使客人接受这道菜，这时候，餐厅部经理来了。她耐心地听了顾客的投诉，然后歉意地对客人说："先生，看来您是一位地道的'美食家'，容我提个建议好吗？"

"你说吧。"听到经理这样抬举他,顾客缓和了许多。

"我觉得您肯定吃过各式各样的龙虾,您应该是个行家,只要您肯赏脸试吃一下,就可以分辨出是鲜活的还是死的,如果我没有猜错,您是很有经验的,先生,我说的对吗?"

"那当然。"客人自豪地说。

"先生,如果你试吃后,觉得还是死的,我们马上给您这位'美食家'再做一道,如果觉得是活的,还可以接受,那就算验收合格。可以吗?"经理诚恳地说。

顾客见经理这么通情达理,并且给了自己这么大的面子,气也消了一大半。他拿起筷子,夹了一块龙虾肉,放到嘴里慢慢嚼着,过了一阵,才说:"还可以吃。"

听到这话,经理的心才踏实下来。她马上对顾客说:"您真不亏是行家,谢谢您的合作!希望您这样的'美食家'能够经常光顾这里。"

顾客也没有说什么,只是笑了笑。这场尴尬的局面,就这样平息下来了。

给足对方面子是一种自尊成交法,是指在成交之前,给客户戴一顶高帽,使对方觉得不买你的东西就没有面子,有伤他自己的尊严。这种方法的运用在销售时是很有效的。

这种客户大多喜欢自我夸张,虚荣心很强,总在别人面前高谈阔论炫耀自己见多识广,不肯接受他人的劝告。对待这样的客户最重要的是,一定要从他本身所熟悉的事物寻找话题,适当利用请教的语气,在这种人面前,推销员最好当一个"忠实的听众",且表现出一幅羡慕钦佩的神情,满足对方的虚荣心。这样一来,顾客就不好意思拒绝推销员的建议。

给足顾客面子,使对方有一种自我陶醉的满足感,成交的几率是很大的,任何人都希望得到别人的尊重,也很想得到别人的赞美和夸奖,但是销售人员的赞美和夸奖如果是为了讨好而不是从心里发出的,只是为了想成交和不得已使出的一招,就会让顾客反感,所以夸赞需要真诚。譬如,在销售一些高级服务时，加上一句这样的话："像您这样有身份的人，一定要享用这种服务。"

另外，在了解顾客时，要学会察言观色，细致到客户的每一个小的细节，懂得如何圆顾客的场。

我们都知道，如果要接近一个人的话，最好的方式是认同他、尊重他，对那些挑剔的顾客，这同样也是一把利器。坚持这一原则，可以平息顾客的怒气，甚至可以刺激顾客继续消费。

每一个人都有虚荣心，这可以成为推销员进行攻击的焦点。当对方的虚荣心得到满足后，即使没有多少钱，也可能硬着头皮答应买你的东西，或者许诺下次买你的东西，甚至介绍客人给你。当然，即使他的许诺并未实现，也不必介意，所谓"买卖不成仁义在"，有时候很随便的赞美也许就导致意料不到的好结果。对于那些好面子的人，你的一句"您戴上它好漂亮啊！""您在这里消费最适合您的身份！""您真有档次"，可以一下子拉近你与顾客之间的心理距离，促成交易。

第 07 章

推销技巧：
这样去卖才会有人来买

要想成为一名出色的推销员，除了掌握推销的基本常识外，还要会一些推销技巧。一次成功的推销不是一个偶然发生的故事，它是学习、计划以及知识和技巧运用的结果。将推销方法灵活、综合运用到实践中去，才能获得成功。

第07章　推销技巧：这样去卖才会有人来买

推销化妆品的玛丽：
用赞美来赢得女人的购买欲

玛丽是一家化妆品公司的推销员，她费了好大劲才征得一位女顾客的同意，试做一次免费美容。一个星期后，她向这位顾客推销产品时，本以为对方能购买一套化妆品并购买一张美容卡的，不曾想到，那位顾客一见她，就甩过一句话来："玛丽，我不能买你的化妆品了，你们的产品用过之后，我感觉不太理想！"

玛丽惊诧地问："为什么？"

"因为你们的产品用过后不太舒服，并且没有明显的效果。"

玛丽清楚地明白如果继续和对方争辩是没有任何好处的，于是急忙说道："您说的有道理，我完全同意您的意见，如果化妆品用一次就会有效果，这样您会购买吗？"那位顾客听完这句话之后脸立即就红了："其实，也不是……"

玛丽接着问："那么是我们的服务态度有什么问题吗？"

女顾客进一步解释了她不愿买的原因：现在她已经有了一套其他品牌的化妆品，刚开始用，并且也没有什么效果，所以，目前没有弄清玛丽她们公司的产品到底怎么样，一时还决定不了该不该买。

玛丽说："我尊贵的小姐，不想买也不要强求自己。不妨让我先给你检查一下你的皮肤吧，免费做。"于是玛丽认真地看了那顾客的面部皮肤，并真诚地告诉她："小姐，实际上，你的皮肤很好，无论是从表面看，还是从质地来说都是不错的。不过女人在超过一定年龄以后，皮肤会老化得特别快，我看您的皮肤很好，现在无所谓，以后就应该注意保养了。"

玛丽的这番话，确实触动了女顾客的爱美心理，于是，她向玛丽咨询了有关美容方面的知识，最后玛丽成功了，那位顾客不但买了一套产品，还购买了一张全年的美容卡。

　　一个成功的销售人员，首先不要让人感觉你是为赚钱才那样做的。一定要放弃那些不利于与客户成交的因素，用你的真诚、顺从获得对方的认可。顺从对方的意愿，替对方考虑，站在对方的角度理解其最初的想法，才会使其诚心地接受你。这种顺从、赞美的方法，也是销售高手们常用的一种技巧。

　　顺从，是销售人员的必备修养；赞美，是赢得女顾客的重要法宝。

　　女人一般爱听赞美之词，把一些华丽的赞美送给女顾客是最适用的。你要明白，女人是消费群体当中最大的一个市场，能抓住她们的喜好、需求，你就像抓住了摇钱树一样，她们会源源不断地给你送钱。当然，女客户的口头宣传也是最有效的，其速度也是最快的。人们常说"三个女人一台戏"，说不定在某一个女人堆里她正扮演着你商品宣传员的角色呢！对于任何一位销售人员来说，争取女顾客这块市场是举足轻重的。

　　征服女顾客最主要的是让她顺心如意，千万不要和她争辩。因为争辩时，你赢了也推销不出去东西，输了交易就更泡汤了。与其徒劳无益，倒不如顺其自然，避免和她进行争论。女人一般细腻敏感，最好不要轻易触动她的某一根敏感神经。否则，她不仅不会买你的东西，而且会把这种气愤持久地装在心里。你即使有她最喜欢的衣服、首饰等，她也不会再光顾你的店，宁肯舍近求远去购买和你店里同样的物品。当她的朋友或朋友的朋友想来你这儿购物时，她也会百般阻拦。

　　所以，对待女顾客你应该多顺从她的观点，多多赞美她，甚至有的时候还得让她在你这里出够风头。

　　赞美也是一种技巧。它是让顾客将拒绝转化成购买的理由，它能让顾客意识到自己需要这种商品。例如：当顾客提出"这个商品的价格太贵"的时候，销售人员应该回答："是呀！的确很贵，名牌产品哪有不贵的道理呢？"并用赞美的眼光看着她说："像您这样的人，既漂亮身材又好，就更应该穿名牌，那样才能更显出您的高贵和典雅。"

第07章 推销技巧：这样去卖才会有人来买

售出20栋尾房：抓住关键的时间和场合

一家房产公司在洛杉矶西北边开发了250幢房屋住宅，其售价在1795美元~19950美元之间。许多年过后，还有20套房子没有销售出去，这些还没有出售的房子位于罗斯利路上，房屋之外的30公里处，有一道围墙。围墙外面就是铁路，火车一天24小时都会隆隆地从这里经过。没有售出去是理所当然的事情。

一位著名的推销员向开发商提出要担任这批房屋的经纪人，但却遭到了拒绝，尽管这位推销员继续写信向他们请求，但仍然是徒劳无功。

几个月过去了，推销员终于下定决心要与开发商见面，令人意想不到的是开发商竟然答应了他的请求。因为这20套房子仍然无人问津，尽管投放了大量的广告宣传，大部分顾客在电话里一听地址在铁路旁就杳无音讯了，很明显，开发商愈来愈为此焦虑不安了。

开发商说："你一定要按低价把这批房子销售出去。"

推销员说："不！恰恰相反，我认为你应该把房子的价格抬高。还有就是我保证会在这个月之前把这批房子卖出去。"

开发商一脸激动地说道："这怎么可能？两年了这批房子都没有卖出去，你现在告诉我将在一个月之内把房子买出去，这简直是天方夜谭！"

"您知道我何以这样说吗？"推销员说。

"为什么？"

推销员说道："在销售一些房子之前肯定会让买主前往参观，这时我们就应该选择当火车行驶过来的时候向买主展示。"

"你开什么国际玩笑？"开发商大声吼叫道，"这些房子之所以到现在还没有销售出去都是因为它临近火车道的原因，太吵了，所以顾客都不愿意购买。"

讲故事
说出销售力

"请您不要激动，听我说完好吗？"推销员很镇静地说，"首先，我们应该每天早晨8点和下午4点这个时间段带人前往参观。不仅如此我还建议在房门口挂上牌子，上面写上：'此房拥有非凡之处，尽请期待。'这样一来势必会引起人们的好奇之心，他们都想一探究竟，这样就会吸引更多的顾客，这也是推销的最佳时机。"

对方听得目瞪口呆。

推销员接着又说："然后，我认为您可以将每户的价钱再提高350美元，然后用这笔钱给每户都添置一台彩色电视机。"因为在那个时候大多数人都在看黑白电视机，能够看到彩色电视机真的是一件非常了不起的事情。后来，开发商购买了20台彩色电视机。

在每一次"参观"开始之后的5~7分钟，火车都会按时从罗斯利路隆隆驶过。在火车还没有到来之前，推销员往往就只有几分钟的时间向买主们进行推销。

"欢迎！请进！"推销员在门口招呼人们进来，"非常欢迎大家能够在这个特别的时间来到这里参观，为什么呢？因为我们罗斯利路上的每一栋房子都有非常独特的地方。首先，我想让你们静心地听听看，听完后再告诉我你们听到了什么。"

有人说："我好像听到了冷气的声音。"

其他的人都露出很好奇的表情，好像在说："这个人到底想要干嘛？难道这里有什么奇怪的东西吗？"

"没错，"推销员回答说，"正如你们所听到的那样，但这是火车发出来的声音。如果我不说出来的话，你们也许根本不会注意到这个声音。因为你们可能对于冷气的声音早已习惯了。但是当你听到这个噪音并且习惯了之后，它就不会对我们造成很大的困扰。"

接着推销员带领着人们走进了客厅，当他们看到一台彩色电视机后都非常激动。这时推销员说："开发商知道你们将不得不适应一天3次火车的噪音，所以这台彩色电视机随同房子一起送给你们。"

"各位，我想要你们知道的是你们每天只需要'欣赏'一分半钟的噪音，你们是否愿意忍受仅有一分半钟的噪音来换取这么宽敞美丽还带有彩色电视机的房子呢？"

2周之后，这20栋房子就顺利地销售了出去。

这位推销员巧妙地利用了火车到来的那一瞬间，先让顾客的感情掀起波澜，并让顾客亲自体验到那里存在的特殊情况对居住并无太大影响，再加上一台彩色电视机，这一氛围更有效地刺激了顾客购买的心理。他用自己的智慧，首先吸引顾客前来参观，利用火车到来的短暂时间来进行推销，并证明噪音是可以被忽略掉的，紧接着用一台彩色电视机来进一步烘托了购买气氛，可谓环环紧扣，时间、地点和感情都把握得恰到好处。

注意挑选恰当的时间和场合来引导顾客的情绪朝有利于自己的方向变化，是成功推销的一种"催化剂"。当然，时机不会凭空而来，需要你等待甚至去制造；时机也不会总有，需要你迅捷地抓住。

聪明的推销员都会选择合适的时间和地点与顾客交流，只有愚蠢的人才会只想着如何让自己方便从而盲目地做事。最后遭到客户的拒绝也是意料之中的事。时间就是金钱，就是机会，所以销售人员应该合理地支配自己的时间，并能够在对的时间找到对的地点谈论对的话题，以免遭到客户的拒绝，不仅浪费了别人的时间也浪费了自己的精力。

顾客因性格、职业和生活习惯的不同，其情绪在每个时间段也会有不同的波动。推销员在安排时间时应彻底了解客户的这些特点，争取能够做出弹性的安排。

推销工作本来就是一项引导和鼓励对方购买的工作，所以也只有选择客户空闲的时刻，才是拜访和推销的最理想时间。比如说政府部门，大约是7点到8点之间，是最适合推销的时间，因为政府机构是在8点钟上班，一般情况下职员都会提前几十分钟到，这一段空闲时间是访问和推销最理想的时刻。餐饮场所一般在晚上打烊都比较晚，白天开始营业的时间也比较晚，它们大都在接近中午的时候营业，所以恰当的时间应该是下午2点钟左右。选择恰当的时间是成功的一半。当然，时间对了场所不适合也会让你很难堪，比如一些人利用空闲时间约一些朋友聚会喝酒，在这个场合，如果你提出向他们推销商品，效果一定不会好。所以，选择恰当的时间和推销地点是推销中至关重要的一个环节。

教授的好主意：逆向推销更能吸引顾客

在母亲节来临之前，一位妇女在某高校俱乐部门口叫卖。由于天气非常严寒，所以购买的人不是很多。这时一位教授走了过来，看到这样的情形，便好心想帮她一把，遂上前与妇女面授机宜，妇女大喜，便将货摊上的女性丝袜、女性化妆品、女性刮毛刀等用精美塑料袋装好，拿出好看的彩带系好之后便放在最显眼的地方。又在店门口挂起两条一丈长的红绸，一条上书：送给母亲的节日礼物。另一条书：向所有的——现在的和未来的母亲致敬！

妇女又在店门口高声喊："马上就是母亲节了，各位先生，现在是你们向亲爱的母亲以及女友、夫人表达诚意和感谢的最好时机。本店特为你们准备好了各种精美的礼物，价格优惠。"经过的人甚觉新鲜，用红彩带扎在一起的女性用品看起来也很漂亮、有趣，男士们于是争相购买。很快，那些原先无人问津的小商品被抢购一空。

据统计，向男顾客推销女性物品的成功率极高，这是销售市场中急待进一步开发的新领域。你若细心观察，在一些女性用品店里，光顾的男士们是很多的。对待这种顾客，会省却你一半讨价还价的精力，而且很容易就能成交。这种逆向推销法真的非常有效。

有一家经营女性礼品的店铺，生意很是兴隆。按常理，应该女人去的多，然而，在这购买女性用品的却多是男士。这家店铺老板在楼上开有一家游戏厅，去游戏厅必须穿过女性礼品店，进出游戏厅的几乎清一色都是男性。聪明的老板便在一些礼品上写上"把爱带回家"的字样，引得男人纷纷掏腰包。正是这些男性的捧场，让这家女性礼品店的人气极为旺盛，生意也很红火。

大家知道，大多数男人是不像女人那样爱逛商店的，要说服男人认真观看你的商品是一件很困难的事情。但是男人的责任感很重，你如果能激发男人的责任感，让他觉得你的商品与他的责任心、道德感等连接在一起，他就会对你的商品感兴趣，并能激起购买的欲望。当你用商品激起男人的责任意识时，你的销售已经成功了一半。

男人虽然有极强的社会和家庭责任感，但他们又总是太过粗心大意。就拿家庭来说，他们想靠自己的责任感和行为来赢得太太的赞许，可又摸不对路子，有时想溜须一下，却又拍到马腿上，太太的一顿数落常令他们很尴尬，于是感慨道："好端端的一片诚心，怎么就成了驴肝肺呢？"

这种时候，聪明的销售员应该立即上前，主动当好参谋，比如你可以问一下他的太太或女友的年龄、身材、学历、工作环境等等，然后，真诚地告诉他："先生，根据您的介绍，我认为这款服装比较适合。她穿起来一定会更漂亮！"男客户肯定会问："真的吗？你敢保证她会喜欢吗？"仿佛你就是他的一根救命稻草。你一定要用肯定的语气对他说："绝对不会错。您也许不知道，这款今年可流行了，一些明星都穿它呢。"男顾客一定大喜过望。

另外，在给男顾客推荐女性用品时，千万不要拣太廉价的，否则男人会觉得很没面子，认为你是瞧不起他。作为"贡品"，哪能等闲视之？此时，商品贵一些是无妨的。

卖房子的房产商：私交增进信任度

几年前，杰克先生购买了一所大房子，房子虽说不错，可毕竟是一大笔钱，以至于付款后总有一种买贵了的感觉。就在全家搬进新居的两个星期之后，房产商打来电话说要来拜访。杰克先生不禁有些奇怪。第二天早上，房产商来了，一进屋就祝贺杰克选择了一所好房子。之后他和杰克聊了起来，他给杰克讲了许多当地的小典故，他还带着杰克围着房子转了一圈，说明杰克的房子如何与众不同。并且，他告诉杰克附近有几个住户大有名气。这一番话让杰克疑虑顿消、豪情满怀。此时，这位房产商表现出的热情甚至超过卖房子的时候。

房产商的热情造访让杰克大受感动，一颗不安的心平静下来了。杰克确信自己买对了房子，很是开心。从此他们成了朋友，彼此间的关系远远超越了买卖关系。

房产商用了整整一个上午的时间来拜访杰克而没有利用这段时间去寻找新的客户，他这么做吃亏了吗？不！一周后，杰克的一位朋友对杰克房子旁边的一座房子产生了兴趣，杰克便介绍他去找那位房产商。杰克的朋友虽然没有买那座房子，却从那个房产商那里买了一处更好的房子。

记得这样一句话："将未成交的客户当成爱人，已成交的客户当成家人。"的确如此！初恋的芬芳和用情谊打造的避风港湾是任何人都非常渴望的美事。在和客户交易完之后千万不要忘记过一段时间对他们进行回访或问候，以便于更加深入地了解对方，在更深的层次和对方进行交流和沟通。还可以彼此成为很好的朋友。这样能给你带来更大的收益，因为很多顾客因为对你的印象好，就可能会为你做免费的宣传或不断购买你的商品。

建立适当的私人情谊在营销当中确实是有效的一种促销技巧。情谊是彼此交换想法，并达成一致意见，以及感情日见深厚的一个重要标志，是实现成交目的的一项重要保障。

情谊是一座桥梁，是一条捷径，无论面对的事情有多么难以化解，都不要把情谊抛置脑后。俗话说"同舟相渡三世修"。那么，既然老客户频频惠顾你，你就更应该珍惜这份来之不易的情谊。

以下是美国著名的推销大师坎多弗尔讲的故事。

第07章　推销技巧：这样去卖才会有人来买

今天早晨，一位年纪较大的妇人来到我们店里，她是我们店的老主顾丽塔夫人。她看中了一枚钻石胸针，便开支票买下了。当我给她包礼物的时候和她聊了起来："其实我自己也很喜欢这枚胸针。您真的很有眼光，这款胸针上的钻石产自于南非，是我们店里最好看的，希望您会喜欢。"

听完这话，她感动地说，她自己一开始还特别担心，那钻石是否货真价实。刚过一小时，她又带来一位顾客，原来两个人住同一家公寓，她把我介绍给她的朋友，夸我跟她亲儿子一样，于是我就陪她的朋友在店里转转，虽然没有买什么昂贵的东西，却也花了些钱。把她们送出门后，我想今天的收获还是挺大的，不仅生意好还结识了两位新的朋友。

在成功地销售完商品之后，再用热情的语言、诚挚的行动和对方沟通与交流，就会和对方建立感情。随着情谊的不断加深，或许你会得到意想不到的结果。

聪明的销售人员总会让顾客感受到其语言和行为的魅力，不但能从你这里得到实惠，还能像朋友一样地沟通感情。此外，有打折、优惠、物美价廉的好产品时千万不要忘记打电话，把好消息告诉你的老顾客。让他感觉你不但在工作上认真，和他们感情也不错。当他们购买称心如意的商品时，再送一些小礼品如贺卡之类的东西，这些小礼品尽管是你自己购买的，也要说是厂家给员工赠送的。这样会"快马加鞭"，让你们的关系更温暖、融洽。通过这些，你就会在对方的心里烙下很深的印象。还怕他不来你这里买东西吗？他不但自己一定要买，说不定亲戚朋友一大帮的人都将成为你的客户。

"芬克斯"酒吧：靠信誉赢得客户

一位叫罗斯·恰尔斯的犹太人在耶路撒冷开了一家名叫"芬克斯"的酒吧。这个小酒吧虽然占地不足30平方米，只有1个柜台和6张桌子，但曾经被美国《新闻周刊》选入世界最佳酒吧前15名。

一次，美国国务卿基辛格来到了耶路撒冷，临时兴起想找一个酒吧消遣消遣。于是就亲自打电话预约说半个小时之后会有十几个官员来到芬克斯酒吧，希望到时候不要有人打扰。像这样一位国家的重要官员光顾这样的小酒吧，换做是一般老板这是多么荣幸并且求之不得的事情。但罗斯·恰尔斯却客气地说："对于您光顾本店真的不胜感激并且感到十分的荣幸，但是如果由于您的到来而拒绝别的客人，这是我做不到的。因为他们都是这个酒吧的常客，正是因为得到他们的支持和信任这家酒吧才开到现在，如果我那样做的话就失去了信誉。"基辛格听完非常生气地挂了电话。

这则故事说明：忠诚的老顾客是任何企业或商家宝贵的资源和财富，无论在什么情况下，绝不可怠慢了他们，否则，你就损失了一大笔财富。

这也是销售行业中的一个经典案例。基辛格的气只能往肚子里咽，也找不出理由为难酒吧老板，因为，所有的顾客都是上帝，难道老板敢得罪上帝吗？当然，那些老客户知道这事以后，就更对那个小酒吧青睐有加了。

所以说信誉在营销行业中是一条重要的原则，诚信本身就是一张大买单。我们试想一下，酒吧老板假如为了一时的虚荣而接待了国务卿基辛格，却将老顾客拒之门外，那么，这个酒吧一年剩下的364天都只能就着西北风去回味了吧？

保持诚实可靠的信誉，乃是一个推销员迈向成功之路的不二法门。任何人的成功都是在赢得别人的信任和广泛赞誉的前提下取得的。因此，一些成功人士无限感慨道："良好的信誉千金难买！"

要想取得顾客的信任，首先自身要诚实守信，用心灵换取对方对自己的信赖，用行动去赢得美好的信誉和交易的顺利完成。

要想做一个成功的销售人员，首先应把自己的信誉打出去，这是任何业务成交的前提。

作为一个销售人员，你的一举一动，都会影响顾客的心理，即使是老顾客，也会因你的不守信而"移情别恋"。恩格斯说过："对头脑正常的人来说，判断一个人当然不是看他的声明，而是看他的行为。不是看他自称如何，而是看他做些什么和实际是怎样一个人。"你天天夸自己的声誉有多么好，服务多么周全，而不注意自己是否真的去做，把顾客当猴子耍，能骗一次就骗一次，这种行为恐怕一辈子也不会成为销售高手的。

拉姆的艰巨推销：家丑不妨外扬一下

房地产公司的拉姆承担了一项艰巨的推销工作。因为他要推销的那块土地紧邻一家面粉加工厂，机器马达的噪音让一般人难以接受。虽然这片土地接近车站，交通非常便利，但是在这里建造的20套房子售出的仍是寥寥无几。所以开发商想把这块地皮和房子一同售给一家大的企业，作为他们的职工住房。开发商多次和对方谈判，就是没有任何结果，只好找房产经纪人。拉姆就出任了这块土地的推销经纪人。

拉姆了解到购买土地的这家大型企业所要求的价格和条件与这些房子大体相同，而且这家单位以前也在这附近待过，那时面粉厂的噪音也是不绝于耳。于是拉姆去拜访这家单位的负责人，希望与他们进一步沟通。

"这个地段交通便利，比附近的土地价格和房屋价格都便宜了许多。当然，之所以便宜自有它的原因，就是因为它紧邻着一家面粉加工厂，噪音比较大。如果您能容忍噪音,那么它的地理条件、价格标准与您希望的非常相符,你们单位职工上下班也方便,很适合您购买。"拉姆先生如实地对那块土地做了介绍。

不久,那位企业比较理性的负责人去了现场参观考察,结果非常满意,他对拉姆说:"上次,你特地提到噪音问题,我以为噪音一定很严重,我观察了一下发现那些噪音的程度对我们的工作来说不算什么,我们以前工作的地方整天重型卡车来来往往,络绎不绝,而这里的噪音一天只有几个小时,而且这种声音并不振动门窗,所以我很满意。你这个人真老实,要是换成别人或许会隐瞒这个缺点,在刚接触这里的开发商时,他就是故意避开噪音这一缺点,说这块土地完美得不能再完美!所以,我总觉得我们好像是被欺骗了似的。当你们的那个开发商再找我的时候,我就一口拒绝了。你这么坦诚,反而使我产生了好感。"

拉姆顺利地做成了这笔看似非常难成的生意。

据上例可知,假如拉姆吹得天花乱坠,单一地强调房子的价格便宜,交通便利,和开发商以前所做的工作几乎没有区别,那么,那位理性的老板同样会回绝的。而拉姆相反,把它的缺点真实地指出,反倒博得了企业老板的好感,也因此做成了交易。

一个推销员要想保有良好的名声,就永远不能欺骗顾客,更不能让顾客指着你说:"你告诉过我的并不是那样完美,你在欺骗我!"

适当地指出产品的不足,会使你及你的商品更具有魅力,更能令理性的客户折服。

假如你把商品说得完美无缺,反而会引起理性顾客的疑问。有的时候,你也许会用你的文雅风度、社会地位、善良的行为和知识积累,去赢得他人对你的暂时信任,但问题存在着,一旦被对方看破,你的优势就会被一扫而光,交易就不用提了。刚接触销售工作的人总认为,竭尽所能地把自己的商品吹得天花乱坠,那才是本事。其实,理性顾客极度反感这样的推销员。相反,如果推销员能坦言商品的不足,往往更能赢得对方的好感和信任。

约翰逊的推销术：用小礼物赢得对方好感

黑人约翰逊曾经是一位推销员，他仅仅靠借来的570美元成立了一家化妆品公司，但是使人意想不到的是15年后他竟然成为了一个拥有8000万美元资产的公司大老板。

当时，约翰逊经人介绍来到了富勒公司做推销员。

富勒公司是一家以制造黑人专用化妆品为主的化妆品制造公司，约翰逊那时的任务就是到黑人聚居的地方去推销化妆品。

一般说来，黑人对化妆品这些东西很难感兴趣，就好比你要和尚买下你的梳子。所以再动人的宣传也是于事无补的，只有拿出实例她们才有可能相信你。要想让黑人妇女购买化妆品，那就需要让她们清楚地看到化妆前后的差别。

但是到底怎样做才能够让黑人妇女购买化妆品呢？约翰逊想了个"先用后买"的办法。所谓"先用后买"就是先让客户免费试用，如果感觉不好的话不购买也是理所当然的事情。当然如果这样做不仅会增加成本而且还会承担一定的风险，所以约翰逊不敢擅做主张，于是把这件事汇报给公司，希望得到公司的支持。

公司对于这件事情的答复是应该怎么办是他自己的事情，无论他用什么方法只要产品能够销售出去就可以。约翰逊没有想到公司竟然会是这样的态度，所以非常生气。于是孤注一掷，按自己的想法干。

约翰逊想了一个方法，首先要将人们聚拢，于是他拿出了一架手风琴，在人口比较密集的地方铺开摊子，一边拉一边唱流行歌曲，等到人们聚集的差不多的时候他就向大家介绍化妆品。之后便邀请大家随便试用并且将那些试用品作为礼物赠送给大家。

约翰逊的这些方法真的很有效。很多黑人妇女听闻他所推销的产品不仅可以免费试用而且还可以得到免费的小礼物，都纷纷前来要求试用一下。

就这样约翰逊逐渐打开了销售的局面。那些黑人妇女渐渐地喜欢上了化妆品，因为化妆品使她们变得更加年轻美丽，变得比以前更加自信。人不爱美天诛地灭，更何况是女人呢？她们宁可少买几件漂亮的衣服也要省下点钱购买化妆品打扮自己。

巧妙地抓住顾客的心理，用"先用后买"的方式，先让顾客得到些实惠，而恰恰就是这种"先用"让顾客有了好感，实际上得到收益最大的还是销售者。用这种小小的恩惠，换取事业上的大成功，当然是很划算的。

要想让顾客选择你的商品，就应该给顾客一个接受你的理由，并对你产生好感，这样才有可能让你的产品占据对方的心灵。"先用后买"是以顾客为导向，在让他们了解商品具体功效的同时，还巧妙地让他们感觉到，你不是为赚钱，而是在为他们服务，这样才更能征服人心。

人人都希望得到小惊喜，尤其是得到意外的礼物。让顾客在购买商品时尽量享受到一些福利，可以提高他们购买的欲望。比如在购买一件服装时，可以得到销售人员送上的皮包，这样一来，他们就会觉得很划算。既让顾客高兴自己又获利的一举两得，才是高手的销售技巧。

第08章

渠道为王：
最强的销售就是做渠道

企业需要通过渠道走货，顾客需要通过渠道的流通功能得到各种各样所需要的商品。因为渠道是完成交易的场所和环节，所以绝大部分企业、消费者都不可能离开渠道而发生交易。要想做最强的销售，必须建立最好的渠道。

第08章　渠道为王：最强的销售就是做渠道

脑白金和蒙牛：一定要创造"渠道霸权"

　　脑白金在还没有进入市场之前，厂家首先做的并不是急忙地把货物销售出去，而是进行脑白金的广告宣传提高其知名度。聪明的经销商很快就发现了这一商品的市场价值从而快速地调动了终端市场的消费需求。于是就派人上门主动联系顾客订货。不仅如此，脑白金在市场促销、维护和广告方面还投入了大量的人力、物力、财力，这样也减轻了经销商的负担，经销商只要联系好买家，负责进货、搞好区域公共关系就可以了。这样一个有利可图的买卖自然而然地会牢牢吸引经销商，脑白金的前期准备工作对销售渠道进行了强有力的控制。

　　蒙牛在进入深圳市场时，同样也采用了逆向开发的方法。一开始的时候蒙牛在人群比较密集的地方开展免费的品尝活动。与脑白金相比其优势在于锁定了消费人群后，蒙牛又开始广泛地联系终端商，进一步打开终端市场。这种逆向开发的方法为企业营造良好形象的同时也增强了市场的影响力，吸引了经销商的主动加入。最重要的是在这种销售模式下企业赢得了"渠道霸权"。

　　要想建立起"渠道霸权"，就需要有非凡的营造能力，并能够保证在各个环节的成员都"有利可图"。通过强有力的组织和管理确立自身的主导地位从而积极地调动各个环节的成员集中力量团结一致，充分发挥渠道销售的优势。

　　渠道销售本身就是构成渠道各方的利益集合。渠道销售的最终目的就是追求利益最大化，是根本之"道"，是"渠"的形成之本。企业要想确立和稳定"霸主"地位首先就必须清楚地明白怎样才能让销售渠道中各方得到的利润最大化，这才是问题最关键的地方。要建立"渠道霸权"，充分地确保集体的利益是根本，因为只有确保了各个成员的利益，让他们有利可图才能够更好地调动他们的积极性，才能真正地体现销售渠道"渠"的作用，从而使得经销商、分销商、终端商、消费者紧密联系在一起，快速实现商流、物流、货币流的流通。

所谓的渠道销售是指快速地将商品按照具体的、明确的流出途径输送到消费者面前。建立明确具体的、畅通的流通途径不仅能够快速地将商品输送出去，还可以提高企业的利润。但是如果不能够很好地加以控制，任由其放任下去的话就会引起经销商、分销商、制造商各自为政以至于各自为了争取最大的利益而互相斗争，就可能出现霸权。这时如果其中一方出现霸权的话那么销售渠道就会完全被控制，这样就会威胁到其他人员的利益。在这里所提到的建立"渠道霸权"并不是指去侵犯他人的利益，而是建立起一个相对分配公平和利益平衡的体系。对整个渠道强有力的控制，确保每个成员在渠道内的权利、利益共享从而进一步实现所有渠道成员共赢。

建立"渠道霸权"的最终目标就是能够对销售渠道进行有效的管理。从一开始的自然销售状态到后来的有组织有计划的渠道销售，这对于销售理念来说是巨大的飞跃。这就需要有一个创新的管理理念、策略来真正实现这一理念的优势。

销售渠道的开发模式是层层深入的，企业往往运用各种销售手段和策略让经销商觉得他们所推销的产品是有利可图的，从而让经销商加入销售环节。但是如果采用销售中的逆向思维，直接制造一个强大的买方市场让经销商觉得产品有相当大的利润空间，这样在不知不觉中就逆转了企业与经销商之间的关系。经销商处于被动地位，而企业就会处于优势地位。这样一来企业就为自己争取到了更多的权利。

第08章 渠道为王：最强的销售就是做渠道

业务发展总监范登堡：采用直复营销

范登堡是德国 TNT 分公司邮件业务董事总经理，一天他收到上司的一项新任务，那就是前往中国担任 TNT 中国邮政及相关业务发展总监。

给予范登堡这次新任命的同时 TNT 就已经开始在中国启动直复营销计划。这项计划 TNT 已经筹划了多年，这次任命范登堡前往其用意是不言而喻的。范登堡的经验和拓展能力正是 TNT 开拓中国市场强有力的武器，TNT 直邮业务由此拉开帷幕。

作为在中国地区的领导者，范登堡把他入行多年来的经验传授给相关人员。虽然首批员工不是很多，但是在短短的两个多月的时间里，这家公司集中在上海地区主要以报纸、杂志、电子邮件等方式发放了 800 多万份问卷调查。

范登堡打算在未来的 3 年内，在中国的 10 个城市开展直复营销业务。但是面对这样庞大市场拓展工作，怎样做才能够顺利完成这件不可小觑的事情。范登堡在上海地区并没有找合作伙伴一起来完成调查工作，他也不愿意同别人一起完成，其理由是：我们只有通过调查才能够了解消费者究竟有着怎样的爱好，但是目前国内很多公司在这一方面做得都不是太好，例如，数据覆盖不够广，在质量方面往往也不是令人非常满意。

"第一次在中国市场做调查，我们并不知道从哪个途径收集数据是最有效的。在上海地区 800 多万份调查问卷现已收回 100 万份，我们对于 3 个月的调研结果能够取得这样的成绩还是非常满意的。"这为 TNT 在中国建立一个"亿向"直复营销数据库打下了一个坚实的基础。范登堡表示，这个数据库的覆盖率非常广泛，不仅涵盖了消费者的详细联络方式、爱好、消费意向还涉及到消费者或者是高端客户的人口统计数据。TNT对有些行业还提供全方位的直复营销方案，包括电信、银行、汽车、保险和快速消费品5大行业。其中又分为战略咨询、直复邮件制作和分装、电话营销、多渠道反馈管理、客户关系管理等。在欧洲TNT管理着8000万份客户数据信息，已有25年历史。在北美，TNT的直复营销业务也开展得也相当不错。

直复营销业务正式开展虽然只有3个月的时间，但是在这短短的3个月里中国市场给范登堡留下了深刻的印象：数据的收集得到了消费者的积极配合。

以上案例不难看出：要想使得TNT直复营销模式顺利开展下去，最关键的就是建立完善的直复营销数据库。

直复营销的关键词是"特定"和"精确衡量"。"特定"指的是在直复营销中针对信息的传递，重视向特定人群的传播。首先，我们要弄清楚的是信息的传递对象必须是产品或服务本身的目标客户，产品是否能够引起他们的兴趣？他们能否承担得起产品的价格？对有些老客户和偶尔光顾的客户所给予的优惠幅度肯定是不一样的，而在和她们进行沟通时也需要用不同的方式。

直复营销的这一特征对于消费者来说是在不断变化的，因为消费者都希望得到尊重和重视。

"精确衡量"是强调结果的可衡量性。直复营销活动进行后必须带给营销者一些精确的购买数量和客户的反馈意见。这种购买行为是需要对其进行统计的，从而才可以进一步了解直复营销活动对销售额的影响。

直复营销对客户的回馈是非常重视的，"回复"非常重视，"回复"可以导致"顾客立即行动"。所以说，在直复营销活动中"刺激"和"优惠"

已经成为活动计划中非常重要的部分，这些手段和策略中往往隐含了具有让消费者立即做出行动的信息，例如常见的大甩卖、买一送一、抽奖活动、赠送礼品等。

"反馈"在直复营销中分为两个方面：即消费者购买后的反馈；传出信息后是否会取得一定效果的反馈。反馈在直复营销中是非常重要的，因为通过这些反馈数据的分析可以更好地掌握客户的最新动态，还可以了解到客户喜欢什么样的信息传递方式以及想要接收什么样的信息。通过不断地反馈就可以对不同人群有针对性地进行相应的市场调整。

直复营销模式必须在一定前提下才可以运用。那么到底应该具备什么条件呢？

首先，它必须要有市场、技术、数据作为支持，这是做直复营销最基础的三大支持。这三者之间的关系是密不可分的，因为想要做好直复营销第一步就需要市场的支持，有了市场的支持就少不了精确的数据信息，而这些数据的处理就需要一定的技术支持。以上所提到的这三点的核心是人员，只有具备高素质、高技能的人员才能够真正做好直复营销。

其次，做好直复营销也同样离不开科学的管理。这是一个非常庞大的体系，领导者如何去管理运作直复营销的部门，怎样去设计好产品的方案。这些都是非常关键的。

最后，在直复营销中必须有一个顺畅的工作流程，做到每个环节都到位，这样直复营销的效率就会大大提高。

其实，直复营销就是针对性的销售，找出营销的目标客户，才能发挥直复营销的作用。在这里面，打电话的每一个步骤或者寄信件的每一个步骤都是需要排兵布阵的，不是仅仅依靠企业哪一个人拿着名单每天打电话，通过数据来产生价值的。目前，国内市场在呼叫中心领域中有很多成熟的企业收集了大量的客户信息，也就是说完成了信息的收集阶段。但是，还没有对数据进行分析、整理。数据的挖掘、分析已经成为未来市场的重点，有人甚至还提出"数据为王"的观念，也就是说数据在完全直复营销的过程中占据着非常重要的位置。通过对数据的分析找到客户的价值，这就需要转变原来传统的经营模式，从而为客户提供全方位服务。

惠普公司的成功：运用经销制分销渠道

惠普公司主要通过二级分销渠道来发展其他业务，所谓的二级分销就是分为二个部分：一级分销商的专门负责人员主要是由销售部门的专业人员进行管理，另一部分是直接面向市场的零售商。这是一种通过双方共同制作计划方案、合理安排的有效的发展途径。其二级分销商的构成主要是其全国分公司以及分支机构专门的组成人员，这种方法能够及时掌握经销商的经销状况和切实需求，从而使得惠普公司以最快的速度了解和掌握全国市场的变化。惠普公司选择分销商的时候把重点放在那些信誉比较好的中间商，通过对他们严格的认证来控制经销商的质量。

在运用经销制分销渠道这一方面惠普公司是一个非常成功的典范，其不仅使得惠普服务器占有了市场第一的份额，而且在办公方面的业务也取得了傲人的成绩。

由惠普的成功案例可以看出：一个成功运用分销渠道策略的企业，其控制渠道的能力应是十分有力的。

分销渠道对于整个市场营销策略起着至关重要的作用。因为要想有一个非常畅通的分销渠道，就需要生产厂家与消费者有很好的互动，这样企业就可以通过消费者所反馈的信息对价格进行准确的判断，从而控制成本。随着市场的分销渠道越来越多样化。企业可以在以下三种分销渠道策略中进行选择。

1. 经销制渠道

企业间的买卖关系是经销制渠道的实质。但是这种买卖主要是建立在双方互利互赢的基础之上的，企业与企业间只有永远的利益。厂家以此便通过经销商来快速地对市场进行占领，而这时经销商则借助经销厂家的产品从中获取利益。采用经销制分销渠道不仅有利于产品的迅速推广，而且还能够节约广告成本，降低企业经营资金风险。

2. 代理制渠道

所谓的代理制渠道指的是企业通过代理、委托、代销等各种方式，与独立的销售企业对产品在定价、促销渠道、品牌输出等方面进行协商，从而彼此之间建立一个良好的供销合作关系，建立起一个长期的比较稳定的产销关系。

对于那些附加值比较高的高科技产品来说，选择代理制渠道不仅可以积极地调动第三方力量，而且还可以提高各个厂家的分销能力。

3. 电子分销渠道

电子分销渠道是以价值链为中心的电子分销模式，对于那些价格难以精确计算并且附加值比较高的产品，运用电子分销渠道模式就可以节约分销成本、降低售后服务成本、减少中间环节。由于考虑到了客户的需求，所以在此过程中涉及到了生产商与用户之间的互动。一般来说，单价越高的产品，流通的环节就应该越少。如果流通环节比较多的话，产品的销售价格就会提高，从而影响产品的销路。这不管是对企业还是消费者而言都是不利的。对于那些单价比较低、销售量比较大的产品，常常采用的则是多环节的间接分销渠道。

不管企业选择什么样的分销渠道，都必须严格按照国家的有关法令法规来对商品进行严格的管理或分配。企业在完成国家的一系列指令性计划任务后，也可以按照规定的比例进行自销。例如，专控商品（对于少数商品进行控制）、专卖商品（如烟、酒）。不仅如此，像税收政策、商品检验规定、价格政策等一些规定都会对分销途径的选择造成一定的影响。

> 讲故事
> 说出销售力

捷威成功进入中国：给自己选择一个好代理

当联想集团的奥运营销战略不断深化的同时，捷威（Gateway）作为美国第三大PC厂正在不知不觉地进入中国市场。但是，值得引人关注的是神州数码竟然成为此次捷威在中国市场的总代理商。

此次捷威与"同门兄弟"神州数码的有力结合对未来国内PC市场竞争的格局起着关键性的作用，而作为孤军奋战的联想到底应该如何面对这"兄弟联盟"的挑战已成为业内关注的焦点。

神州数码为捷威派了两位负责人：一位是事业部总监罗辛，专门负责操作"思考本"（Thinkpad）产品神州数码科技；另一位就是神州数码东芝笔记主要负责销售的陈淑。

捷威之所以选择联想的同门兄弟神州数码作为总代理商，显然是经过深思熟虑后才决定的，为了成功地进入中国进而快速地打开市场，选择神州数码为其今后更好的发展奠定了牢固的基础。

所谓的代理经营指的是代理商仅仅只代表买方寻找卖方或代表卖方寻找买方，代理商所经营的企业是独立自主的，他们没有商品的所有权。所以其报酬不是薪水而是佣金。通常来说，代理商虽然经营范围比较狭窄，但是他们的专业性非常强，而且他们只仅仅协助商品所有权的转移，对于产品的融资和风险不承担任何责任。代理商根据职能的不同也可分为采购代理、销售代理、信托代理、制造业公司代理等。

代理商所做的调查工作不仅仅是同几位公司的高层人员在市场"走马观花"看看就行，而是通过专业人员或者团队进行深入细致的调查与分析。

在调查过程中应该注意以下几个方面：企业名称、负责人的联系方式、批发市场分布情况等等；要充分了解企业的销售情况和服务策略，这需要对企业之前所经营的产品以及售后服务、市场策略进行深入分析；了解企业的资金及债务情况以及网络结构情况；同时还需要了解企业的经营业绩、口碑及在同行业的影响力等。这些都是非常重要的。

最后，根据调查之后的情况再对其进行筛选和淘汰，然后让筛选出来的企业公开竞标，最后再选择出最佳企业。在这之前，企业产品的说明推广也是非常重要的一部分。所以说只有选择一个好的企业才能够站稳脚跟从而立于不败之地。当然，除了上面提到过的几种影响代理商选择的因素之外。企业的规模大小、自身的实力与中间商合作的能力、产品的营销政策等等都会有一定的影响。所以说，规模比较大、声誉好、资金比较雄厚、管理比较强的企业在选择代理商时就会有更大的主动权。

戴尔的"变脸"：
零售不是"落后"销售方式

23年以来戴尔都是以传统的直销模式进行销售，到了2007年7月终于打破了这一传统的直销模式，并且正式宣布将通过亚太地区的零售网点对电脑进行销售。与此同时，与亚洲的一些加盟店进行合作。对戴尔来说，这是一次质的飞跃，具有跨时代的意义。一直以来，戴尔都是自称为直销模式的"金童子"。据相关市场的专业人士分析，戴尔在亚太地区改变以往的直销模式其实早已经是意料之中的事情。因为对于中国的消费者来说在还未购买产品之前，最希望的就是能够接触到实际产品。

戴尔公司将继续改善供给链，因为想要打败对手这不失为一个非常有效的方法。竞争对手没有像戴尔这样的供给链，所以他们生产出来的产品必须要摆在货架上。但是戴尔却相反，由于产品不需要摆架，所以零售商就可以减少库存开支。对于消费者来说往往是看过架上展示的产品后才做决定是否购买。因此戴尔所采用的是这种"需求驱动模式"，与那些把产品摆放在货架上等着消费者来购买的"供给驱动模式"还是有非常大区别的。但是不同的是戴尔将在亚太地区采用的销售模式是将直销和零售模式结合在一起，这和以往戴尔单一的直销模式有着很大的区别。

戴尔正在制定这一零售策略，但是戴尔无论最后在亚太地区采取什么样的零售模式，都需要建立起一个像沃尔玛那样大的大型零售商建立联盟。虽然戴尔因在售后服务方面还存在一定的不足而遭到市场指责，但是戴尔每年还要接听4800万个技术电话，对6500万个系统进行维护。戴尔南亚区副总裁保罗·亨利·弗兰德表示，尽管如此戴尔依然会继续努力，确保今后的每位客户都能够对其售后服务感到满意。

缺少同零售商沟通的经验是戴尔目前同惠普、联想等老对手相比最大的缺陷。

据悉，戴尔正式宣布与日本零售商必酷（Bic Camera）共同达成零售协议。在2007年8月开始通过必酷旗下22家零售店销售戴尔的产品。其实双方在此之前早就合作过，此次双方的再一次合作是戴尔在日本的业务更进一步的拓展。

营销渠道中最重要的就是零售业，它不仅关系到广大消费者的日常生活，还关系到产品制造商的生死存亡，如果零售渠道不畅，就会使数亿万计的制造商倒闭，就会使人们的日常生活混乱不堪。所以，零售策略是非常重要的。

对于生产者来说充分有效地掌握市场信息是非常重要的,而这些信息最直接的来源就是零售业。从竞争的这一角度来看,谁控制了终端谁就能拥有比他人更优先的权利。

零售业之所以有如此重要的地位,是因为它具有以下的特点:零售业最终的服务对象是消费者,所以说一个地区的人口分布、人口数量都会对零售商的分布造成一定的影响;零售商的主要业务目的就是最终把产品卖给消费者,但是消费者是否购买或者购买的习惯都会受到外界因素的影响,因此,零售业具有一定季节性和时间性。

麦当劳的经营模式:采用加盟连锁的方式做大

麦当劳在20世纪40年代由麦当劳兄弟两人创建。到了20世纪60年代克罗克把这家快餐店的所有资产以270万美元收购了。麦当劳经过70多年的不断发展,成为全球最大的快餐连锁企业。但是,麦当劳在整个发展期间向消费者所提供的餐饮一直以来都是炸鸡腿、炸薯条、汉堡、冰淇淋或者是一些饮料等。虽然有一些变化但是那些变化都是细微的,例如,在汉堡里多加点生菜或者是鸡肉。到了20世纪70年代末,麦当劳已经开始向国外经营,其连锁店已遍布世界各地。虽然各个国家有着不同的习俗,消费者在饮食方面也存在着很大的差异,麦当劳不断努力地将这种差别慢慢地淡化,尽可能地为各国的消费者提供与之相类似的餐饮。

麦当劳在食品的标准化这一方面的要求是非常严格的。例如,食品中脂肪的含量不能超过19%,对于汉堡的大小也有着严格的规定,其半径必须是25厘米，咖啡的存放时间不能超过半个小时，等等。这些严格的规定在世界的各个分店都必须严格执行并且还会每年进行严格的检查。

麦当劳对于连锁店地址的选择也是有着严格规定的，不管是自己经营的连锁店还是授权别人的连锁店都是如此。开始规定的是只要在5公里的半径范围内有5万以上的居民居住的地方就会设分店。但是后来这一标准改了，连锁店的店址必须建在比较繁华的商业地段或者是人口的流动量比较大的地区，例如大型的超市、学校、商场等。这一规定后来成为麦当劳选择授权人最重要的条件之一，并且规定所有连锁店的店面布置和装饰都必须按照统一的标准来完成。

麦当劳在促销方面也讲标准化。在经营的整个过程中麦当劳始终坚持以儿童作为最主要的促销对象，因为一旦吸引了儿童的消费就会促进全家的消费，因此店内专门为儿童提供了娱乐场所。

麦当劳为了使其制定的各项规定都能够在世界的各个连锁店得以严格的执行，为此专门设置了一个汉堡包大学，用来培养专业人员。不仅如此麦当劳还编排了一本几百页的员工基本操作手册，里面详细地规定了每项工作的步骤和方法，以此让麦当劳分布在世界各地的操作人员有个很好的指导。

无论国内外的市场发生着怎样的变化、存在着什么样的差别，麦当劳分布在世界各地的连锁店似乎都统一采取了相同的营销管理模式，采取了一种无视市场差别与变化的以不变应万变的市场营销策略。

目前在国内，连锁加盟是一种比较流行的商业运作策略，常常都是首先将一个项目先运营好，然后便在全国各地进行推广同时再寻找加盟商。加盟商只要出一笔资金就可以拥有一个完全一样的店。但是必须要使用一样的品牌、装修、统一的服务、管理。

连锁加盟正常运转的核心要素之一就是能够获得总部的培训支持。加盟商给予培训支持可以有效地促进与总部之间的联系，提高加盟店的正常运转。对于那些刚刚成立的加盟店来说，缺少的就是经验丰富的人员。应该招收什么样的服务人员，怎样进行日常的管理，怎样打开销售局面、提高营业额等，这一系列的问题都是一个新手迫切需要学习的内容。

一个好的加盟总部的背后必定有一套完善高效的服务体系，这样一来的话就为加盟店的长远发展奠定了坚实的基础。例如，总部会依据加盟店的销售状况、当地的饮食习惯，由专门的配货师对货物进行选择，以满足当地消费者的需求。

不可否认连锁加盟确实是一个赚钱的好方式，但是想一夜暴富的确是寥寥无几。通常对加盟商的能力会做出一个全面的、客观的评价，从而才能够给出一个有效的投资回收期以及投资利润率。

加盟商在选择连锁企业的时候已经不仅仅是看产品的质量、外形，而更注重的是公司对加盟商支持的力度，换一句话说在加盟初期公司是否会派专业人员到加盟店进行培训服务。

怎样选择一个比较适合的连锁企业，需要从以下几个方面去考虑：

在同一行业中品牌存在什么样的差异？企业在服务方面到底有什么特别的地方？其工作人员专业水平的高低也会影响今后工作的进度。而且在选择加盟产品的时候一定要选择性价比较高的，因为加盟商有个品牌积累和放大的过程。

除了上面所提到的一些因素外，从客观的角度来说，企业成功经营连锁的第一步就是寻找一个好的品牌、加盟商。所以说加盟商要对厂家承诺的各种条件进行仔细、深入的考察。

基恩爱公司的"夕阳美"：
直接营销能深入市场

基恩爱公司是夕阳美事业核心管理机构，致力于品牌营销和专业营销。现如今决定把所有的精力都放在生物技术产品营销上面。所以在品牌的管理与规划方面具有一定的高瞻性。基恩爱公司实行多品牌战略，按照人在不同的年龄段将其分为老年、中年女性、中年男性等来分别进行品牌的策划，先后注册了"夕阳美"、"好老公"、"贵夫人"等品牌，目前主推的是"夕阳美"品牌。他们最大的希望就是真正把"夕阳美"这个品牌做成老年人健康的专用品牌，做成老年人心中最喜爱的品牌。"夕阳美"这个品牌能够让人联想到一个非常美好的意境，拥有夕阳生活会更加美好，而且这个品牌易读、易认还很容易传播，具有鲜明的个性特征。

"夕阳美"有着非常明确的定位，它的目标就是奔着老年人去的。所以这个品牌很快就得到了响应。有人把这个独特的消费群体称为"银发消费群体"，这个市场具有非常大的发展潜能。目前随着老龄化人口的不断加大，据统计2003年我国老年人口占总人口的10%左右，达1.3亿以上。所以说"夕阳美"这个品牌具有独特的意义：它歌颂了老年人对社会所做出的贡献，对儿女的养育之恩，希望老人有一个幸福美满的晚年。所以"夕阳美"品牌能够很快被老年群体所接受并且得以迅速地传播。

目前基恩爱公司的"夕阳美"核酸——基因营养素是其主打产品。通过直接营销向消费者普及了核酸是人生命中最基本的物质，同时还讲述了核酸代谢疗法在世界医药史上的里程碑意义。这种科普营销、联谊会营销形式，使老年人开拓了视野，获得了更多的欢乐和关爱。不仅如此，公司还在全国范围内开设"夕阳美"专卖连锁店。连锁店不只是销售产品，还是一个媒介，一个专门为企业宣传形象和品牌的媒介，是一个联系中老年情感的桥梁。基恩爱决定将"夕阳美"专卖店向老年人健康文化的精神家园的方向发展，基恩爱为此专门设立了一个功能区，即"夕阳美"健康知识乐园，使消费者消费健康产品的同时还可以得到知识的普及。

自2000年3月以来，基恩爱公司所采取的这种"整合直接营销"模式获得了巨大成功。全国就有几百家经销商纷纷前来主动争取区域市场经销权，于是他们就选了50多家作为区域的经销商。

基恩爱公司的案例表明，一个公司要使品牌能迅速被消费者接受、喜爱，直接营销不失为一个好办法。

直接营销是一种比较新颖的销售方法，这种销售模式具有一定的针对性，能在最恰当的时机将准确的信息传递给消费者。

使用直接营销打开市场，提高产品的销售量还能够充分地利用资源，从而降低成本。

直接营销之所以能够成功基于以下5条原则：

（1）直接营销必须让在场的销售人员亲自参与营销过程；

（2）必须规定在一定的时间里对综合数据库进行及时的修改和补充；

（3）要充分把握和利用好媒体和销售渠道；

（4）要让消费者充分了解产品的信息，对其产生浓厚的兴趣，从而建立一个长远合作的关系；

（5）深入了解客户的需求和看法，能够及时做出调整。

现在是高速发展的时代，人们的生活水平不断提高，物质生活也在不断地丰富。想要真正了解客户，仅仅了解他们的基本信息是远远不够的，还需要了解他们更多的信息。

直接营销计划中最关键的部分就是纵深研究,它能够根据数据的表面信息对直销的时间安排及内容进行有效的指导。

纵深研究要取得结果只需要随机抽查10位或15位采访对象就可以了,并不需要大规模地进行调查。调查的内容如下:在经营中所遇到的问题,对于创意的具体定位是什么,最佳报价是多少,等等。

第09章

市场竞争：
销售是场攻城略地的战斗

市场是一块大奶酪，人人都想分而食之，所以充满着激烈的竞争。只有在竞争中取得优势，才能立足市场。优秀的销售员总能够先于竞争对手发现市场上的可乘之机，并迅速地把抓到的机会转化为企业的竞争优势，从而使竞争对手望尘莫及。

第09章 市场竞争：销售是场攻城略地的战斗

老牌纺织服装企业：找到入口切入市场

B企业是浙江绍兴一家老牌纺织服装企业，感受了这几年外贸的竞争激烈，开始考虑国内市场营销，建立自己的品牌。但国内服装市场，从西装、女装到休闲服装都有全国性的强势品牌，再加上国际服装品牌越来越多地进入中国市场，市场竞争也在不断升级。所以，该企业不敢贸然进入。企业先安排高层到全球各地市场考察，一方面了解纺织服装新趋势，另一方面开拓自己的眼界。最后，企业选择了泳装作为突破口，并选择中高档泳装行业切入国内市场。

中国的服装行业虽然经过几十年的发展已日趋成熟，企业众多，但发展极不均衡。男装是中国服装发展得较好的市场，无论在品牌打造还是渠道建设上都较女装、休闲装和内衣等行业更为成熟，逐渐形成了雅戈尔、罗蒙、杉杉等一大批国内著名的男装品牌，以及宁波、温州、泉州等庞大的产业集群。男装品牌集中度较高，产业集群化发展速度较快，前10名品牌占据全国近50%的市场份额，其中雅戈尔市场综合占有率超过10%。国内女装则呈现出百花齐放的局面，品牌众多，各品牌之间差距不大，众多企业混战。而泳装的中高端市场还处于空缺状态，国内市场只有浩沙等有限的几个品牌，国际大品牌泳装也只在少数渠道才能看到。毕竟国内泳装市场还处于待开发状态，相比于其他体育运动服饰，泳装市场的规模潜力也有限，让许多大牌企业并不热心于这一市场的竞争。这些都为企业较容易切入国内市场提供可能。B企业进入中高档泳装市场，更重要的是挖掘消费者的潜在需求。中国消费者在泳装消费上采用临时使用和就近购买原则，对价格比较敏感，没有品牌消费概念。

后来，B企业通过切入中高档泳装市场，奠定了自己在行业中的地位。

B企业的举动实质上包含了三种转变：一是由订单生产的运营模式向品牌市场营销的运营模式转变；二是由国外市场向国内市场转变；三是由上游企业向下游延伸的转变。这三种转变交织在一起，实质上是加剧了转变的难度，所以对市场的充分调查和准确切入要求颇高。

在目标市场选定之后，必须研究怎样切入目标市场并选择切入目标市场的有利时机。具体分析，包括新产业的切入方式和非新产业的切入方式。其中新产业市场由于具有经营风险大、市场潜力大、科技含量高以及进入成本高等特点，决定了切入方式的挑战性。而如何选择市场切入的时间，也十分关键，过早或过晚的时间安排，对企业经营都不利。

对于高新技术产业，企业必须凭借自身的技术优势切入市场，这些技术可以是企业的专利，也可以通过与科研单位、高等院校联合开发获得，使企业一进入市场就树立起技术力量雄厚的形象，确定企业的市场地位。但如果企业本身具有与众不同的能力，足以填补某类市场的空白，就可以大胆全面地切入市场。

雅马哈摩托车公司：选择正确的营销策略

20世纪80年代初期，位居世界摩托车领域第二把交椅的日本雅马哈摩托车公司，为了争取该领域的首席，开始向雄居世界第一位的日本本田公司发起被后人称为近代日本工业残酷的一次竞争的挑战。历时两年的激战，终以雅马哈的失败而告终。

雅马哈公司失败的一个原因就是实力不足。1981年8月，雅马哈公司总经理日朝智子宣称：很快将建一座年产量100万台机车的新工厂，这个工厂建成后，将可以使雅马哈摩托车总产量提高到每年400万台，超过本田20万台，那时本田公司将让出第一的位置。

雅马哈的勇气固然可嘉，然而它忘记了本田是一个几十年来一直称雄于世界摩托车市场的实力雄厚的大公司,并且以其在汽车领域的技术优势作为后盾。1982年1月,当雅马哈公司挑战性的言论传到本田决策者的耳朵里时,他们迅速做出决策,即在雅马哈新厂未建成前,以迅雷不及掩耳之势给予反击,打掉他们的嚣张气焰。一场被誉为日本工业领域最为残酷的竞争战打响了。

从商战一开始,本田公司就采用了大幅度降价策略,增加促销费用和销售点。在竞争最激烈时,一般车型摩托车的零售价的降价幅度都超过了1/3,以致一部50公升的本田摩托车价格比一辆10变速的自行车还便宜。

但由于本田公司除摩托车生产外,还有汽车生产,特别是20世纪80年代初汽车销量稳定上升,所以,"东方不亮西方亮",它完全可以通过汽车盈利来弥补摩托车价格战的损失,最终达到打击雅马哈、扩大市场份额的目的。

雅马哈公司则是一个专业的摩托车生产厂商,它的生存完全依赖摩托车。因为投资建厂造成企业成本的较大投入,如果采用与本田公司相同的降价策略,公司本身是无法承担的,但如果不降价或降价幅度较小,那就只有在价格大战中败下来。显然,由于实力不足,在价格上雅马哈已处于劣势。

本田公司采取的另一策略是加快产品的更新换代,迅速使产品多样化。在18个月的时间里,本田公司凭着它2/3的营业收入来自汽车和资金充裕等经济实力,推出81种新车型,淘汰了32种旧车型。产品更新换代的加快,使公司在消费者心中树起了新的形象。这样,本田公司摩托车的销售量直线上升。而雅马哈公司相比之下则有些相形见绌了。为了超过本田公司,雅马哈公司在投资建新厂上下了很大的赌注,内部运营资金入不敷出,只好向外大量贷款,而新厂尚未建成,无法产生效益,因此雅马哈几乎无力开发新产品。在本田公司推出81种新车型时,雅马哈公司只推出了34种新车型,淘汰了3种旧车型。产品更新换代速度的减慢,使雅马哈公司在市场上的形象日益衰退,产品日益积压。

结果在价格战中,雅马哈公司难以承受巨大的损失,节节败退;在市场形象方面,由于推出新产品的品种单调而渐受顾客的冷落,造成大量的库存积压。经过一年的较量，雅马哈的市场占有率从原来的37%下降到23%，产量也迅速下降。1982年，该公司的营业额比上一年锐减50%以上，1983年初雅马哈公司的库存占日本摩托车行业库存的一半。在这种情况下，雅马哈公司只能以举债为生。1982年底，雅马哈公司的债务总额达到2200亿日元。银行家们看到雅马哈公司前景不妙，纷纷停止了贷款。雅马哈公司缺乏资金，产品又无法降价出售，库存越积越多，走投无路的雅马哈公司为了避免破产，最终于1983年6月向本田公司举出了白旗。

在一定程度上，市场竞争就是实力上的竞争。如果公司的实力不足，捉襟见肘，不仅难以获得生产所必需的物质资料，也会在市场营销等各个环节处于不利地位，更不用说与大公司叫板比拼了。如果不顾自身实力，而与大公司较量，很快就会因为实力不济而败下阵来。可以说，实力不足就难以进行高频率的产品创新，也就不能在创新上超越大公司，就会在与大公司的比拼中败下阵来，这是公司失败的一个重要原因。

因此，公司在确定自己的策略时，一定要有所选择，要看清自己的优势与不足。首先，战略最重要的是差异化。不同的企业应该有只适合自己、不容易被模仿的战略。"迅速做大做强"只能是一句励志的口号，而不是企业战略。

获得优势的华为：确定自己的对手是谁

众所周知，在IT通讯领域，华为和中兴是死对头，因为这是同一地域同一领域内的生死竞争者，两个同处深圳的企业彼此虎视眈眈，心怀叵测。

1998年以前，在接入网市场上，中兴曾一度遥遥领先，而华为望尘莫及。但是，不过一年时间，华为在接入网市场上的份额就超过了中

第09章 市场竞争：销售是场攻城略地的战斗

兴。1999年上半年，华为的HONET以2.2亿元的销售额远远超过了中兴ZXA10的1.2亿元，赢得了决定性胜利。从此，中兴再也没有翻身解放。显然，在激烈而残酷的竞争中，华为胜多负少，注定了要成为最后的胜利者。

在程控交换机市场领域，随着华为从市场跟随者到市场挑战者角色的转变，华为盯准了另一个竞争对手，那就是上海贝尔。

1995年，华为刚开始进入程控交换机市场时，非常弱小。那时的华为，不过是一个微不足道的市场跟随者。但是，当C&C08机开始有力地驱逐NEC、富士通时，华为已经将自己定位成一个市场挑战者，它紧盯着的最主要竞争对手就是上海贝尔。一旦清晰确定自己的对手后，华为随即展开激烈进攻。

然而，由于C&C08机本身的缺陷，以及S1240早已建立的牢不可破的市场优势，华为始终无法直接在程控交换机市场战胜上海贝尔。华为采取了避实就虚的策略——攻占农村市场及东北、西北、西南的落后省市。

华为在这些市场上，大造V5接口的宣传攻势，以HONET接入网对抗上海贝尔的远端接入模块。同时，利用来自通信电源销售的丰厚盈利对C&C08机的销售进行补贴，以低价策略挑起程控交换机市场的恶性降价竞争。华为的用意非常明确：一方面限制上海贝尔进入农话市场，一方面挤压以程控交换机为主导产品的上海贝尔的利润空间。

事实上，早在1998年，华为就私下宣称不再把上海贝尔作为主要竞争对手了。1998年华为以71.8亿元的销售额排名电子百强第10名，首次超过上海贝尔，更是大大膨胀了华为的信心和野心。1999年，华为以102亿元的销售额再次位列第10名，巩固了相对上海贝尔的领先地位。

在不同的发展阶段，以及在不同的产品市场，华为首先明确识别自己的竞争对手，并在清醒认识自身所处竞争地位的基础上，制定相应的竞争策略。

一个企业的竞争者的范围是很广泛的，如果不能正确地识别竞争者，就会患上"竞争者近视症"。在动态的竞争环境中，目前不起眼的对手或者有进入本行业企图的大公司，说不定就是未来强劲的竞争者。

所以，公司被潜在竞争者击败的可能性往往大于现实的竞争者，公司应当从行业结构和业务范围的角度识别竞争者。

根据在市场上的相对实力，企业的竞争地位可分为市场领导者、挑战者、追随者、补缺者。识别对手分析的主要内容有：谁是我们的竞争者？他们的战略和目标是什么？他们的优势与劣势是什么？他们的反应模式是什么？我们应当攻击谁、回避谁？

正常情况下，识别竞争对手对公司而言似乎轻而易举，但在最狭窄的层次上，公司的竞争对手就是以类似的价格提供类似的产品和服务给相同的顾客或其他公司。

根据产品替代观念，可以区分出四种层次的竞争者：以相似的价格向相同的顾客提供类似产品与服务的是品牌竞争对手；制造同样或同类产品的公司视为广义的行业竞争对手；所有制造能提供相同服务的产品的公司视为形式竞争对手；所有争取同一消费者群体的公司视为一般竞争对手。

"吉列"剃须刀：好的防御是最好的扩张

吉列公司稳控剃须刀市场是被不断称颂的市场防御典范，它最初凭借"蓝吉列"剃须刀及随后的"超级蓝吉列"占据了剃须刀市场。20世纪60年代初，竞争对手威尔金森刀具公司推出了不锈钢剃须刀，开始抢占市场。1970年，威尔金森又推出了粘合刀片，这是一种以"最佳剃须角度"粘合在塑料上的金属刀片。这时，吉列开始集中力量，打了一场漂亮的防御战。

吉列推出了"特拉克Ⅱ"剃须刀，这就是世界上第1个双刃剃须刀。公司在广告中说："双刃总比单刃好。"吉列的顾客很快就开始购买新产品，并认为"胜过单片的超级蓝吉列"（把生意从自己手中夺走总比让别人夺走强得多）。

6年后，吉列又推出了"阿特华"剃须刀，这是第1个可调节的双刃剃须刀，比无法调节的双刃剃须刀"特拉克II"还要好。这之后，吉列又毫不犹豫地推出了"好消息"剃须刀，这是一种廉价的一次性双刃剃须刀。这对于吉利的另一个竞争对手比克公司来说是一次打击，因为它也正想推出一次性剃须刀。

"好消息"对吉列的股东来说，并不是一个好消息。一次性剃须刀的生产费用高，而售价却比可更换刀片的剃须刀低，任何购买"好消息"而不买"阿特华"或"特拉克II"的人，实际上是在让吉列亏钱。然而"好消息"是一个优秀的商业战略，它阻止了比克在一次性剃须刀市场大获成功，并且让比克为此付出了惨重代价。行业资料显示，在头3年里，比克在一次性剃须刀市场中亏损了2500万美元。

吉列继续它那自我攻击的无情战略。它推出了"皮沃特"剃须刀，这是第1个一次性可调节剃须刀，这回公司的"好消息"成了被攻击目标。它的新产品是"锋速三"，这是第1个三刀片剃须刀。吉列终于逐渐扩大了它在剃须刀市场上的份额，它已经拥有了剃须刀市场65%的份额。

自我攻击可能会牺牲眼前的利益，但是却有一个根本性的好处，那就是保卫市场份额，而这才是商战中的超级武器。反之亦然，倘若企业犹疑于自我攻击，通常就会丧失市场份额，并最终丧失市场领导者的地位。

占据市场领导者地位的公司必须时刻保护自己的现有业务免遭竞争者的入侵，最好的防御方法是发动最有效的进攻，不断创新，永不满足，掌握主动，成为本行业的先驱。即使主动进攻，至少也要加强防御，不给挑战者可乘之机。

最佳的防御就是勇于攻击自己。由于防御者处于领导地位，在顾客心目中占据了强势位置，所以提升地位的最好方法是不断地自我攻击。换句话说，通过不断推出新产品和新服务，让既有的产品和服务变得过时，以此强化领导地位。

企业应及时封锁竞争对手的进攻。大多数企业只有一次获胜的机会，而市场领导者却有两次机会。如果领导者错过了自我攻击的机会，通常还可以通过复制竞争对手的行为来反攻。但是，领导者必须在进攻者站稳脚跟前迅速行动。

企业在进行市场防御时，须注意以下两点：

（1）只有市场上的领导企业才应该考虑处于守势。但是不要盲目地认为自己是某一个领域的领导企业。

自欺欺人在制定商业战略的过程中毫无立足之地，为了鼓舞人员士气而夸大事实是一回事，因自欺欺人而犯战略错误则是另一回事。一位优秀的商业领袖必须对真实形势了然于心，以便依据事实领导部下。你可以愚弄敌人，但不要愚弄你自己！

（2）很多领导者不愿阻击竞争对手，那是自负使然。更糟的是，等到他们进行阻击时，已经太晚了，局面已经无法挽回。阻击对领导者会很有效，这是由"战场"的性质决定的，"战争"是在顾客心中展开的。对进攻者来说，要在顾客心中留下印象需要花费时间，而这段时间足够领导者复制进攻者的行动。

欧莱雅亚洲区总裁：只有进攻才能占领市场

2001年，初任欧莱雅亚洲区总裁的裴天瑞从巴黎来到中国的时候，他大吃一惊，在商场化妆品柜台上最畅销的是小护士、大宝、羽西这些他从来没有听说过的品牌。而在整个中国市场上，这家全球第一大化妆品企业居然仅仅排在第10位。

为了打开市场，2003年夏天，单价接近90元的美宝莲实现全面降价，彩妆口红降至39元，个别种类的口红价格甚至已经低到不足20元，与不少国产品牌价格持平甚至比国产品牌低，这大大刺激了对价格敏感但又追求名牌的消费者。根据欧莱雅事后调查，美宝莲的品牌知名度达到了

95%。而消费者对美宝莲新的定位立即产生敏感的回应：美宝莲市场份额增长了130%。

为了保证能够源源不断地推出新产品。欧莱雅亚洲区加大研发方面的投资力度，这是其研发投资在全球增长最大的一个区域。欧莱雅还在上海投资建设了中国的第一个研发中心，国内每年有3.5万名女性被欧莱雅请来参加测试。

4年之后，羽西、小护士已经加入了由兰蔻、美宝莲、巴黎欧莱雅、薇姿等组成的欧莱雅全球品牌阵营。2004年，欧莱雅在中国的销售额接近30亿人民币，是1997刚刚进入中国时的16倍。

仅仅用了8年的时间，欧莱雅不但将旗下17个国际大品牌中的12个成功引入了中国，还一举吞并了小护士和羽西。第三方数据显示，2004年欧莱雅公司占据了中国化妆品市场（仅包括彩妆、护肤、染发等产品，不包括洗发水）9%的份额，仅次于宝洁，居市场第二，而一年前的数据约为6%，居第三。

由此可以看出：欧莱雅为了进入中国市场，先后采用了价格战、强化研发、并购已有品牌等系列进攻战略，不仅达到了进入中国的目的，而且市场份额和知名度一路狂升，势不可挡。

市场上的竞争如战争，需要根据环境的变化及自身的实力，选用不同的进攻策略，但最直接、最常用的的是正面的主动进攻。

正面进攻最常用的做法就是用减价来同对手竞争。比较常见的是针对领先者的产品价格标出较低的售价以打击它。如果该市场领先者没有进行相应的减价，这种做法就能奏效，而且，一旦该竞争者使市场相信它的产品同竞争对手的产品相当，或价格较低时，这就成为一种真正的价值。

价格进攻战略的另一种方式是进攻者在降低生产成本研究上的大量投资，然后以价格为基础攻击竞争对手。例如，德州仪器公司曾战略性地运用价格武器取得了辉煌的成功：它大量投资于研究和开发，并非常快地降低了生产成本。

企业在进行市场进攻时，除了运用正面进攻策略外，还有包围进攻、侧翼进攻、游击战和绕道进攻等。

企业在进行市场进攻时，必须注意以下事项：

（1）正面进攻强调进攻者集中兵力正面指向其对手的兵力，它向对手的胸膛发起攻击，而不是向它的弱点。其结果取决于谁有更大的实力和持久力。在一个纯粹的正面进攻中，攻击者针对对手的产品、价格、广告等发起攻击。

（2）侧翼战略是辨认未被重视的细分市场——这就是该行业的产品轮廓目前还没形成、尚可发展而引起的缺口，冲入和填补这些缺口，并把它们发展成大细分市场的另一种说法。这种战略取代了两个或更多公司之间为夺取相同市场而"浴血"战斗的局面。

（3）包围战略总是试图深入敌人的领域中去。包围进攻涉及到在几条战线上同时发动一个大的进攻，使敌方必须同时保卫它的前方、边线和后方。进攻者可以向市场提供比对手更好更多的各种东西，这种战术便会无坚不摧。当一个进攻者比对手具有更多的资源优势，并相信包围将可完成和足够快地击破对方的抵抗意志时，这样的包围作为一个战略才更有意义。

（4）绕道是最间接的进攻战略，它是避开任何较直接地指向敌方现行领域的交战行动。它意味着绕过敌方和攻击较容易进入的市场，以扩大自己的资源基础。有3种推行这种战略的方法：多样化地经营无关联产品；用现有产品进入新的地区市场以发展多样化；投入新技术以取代现有产品。

（5）打游击的进攻者将使用传统和非传统的方法去骚扰对方。在商业世界这些方法通常包括：有选择的减价、供应干预、实施袭击、密集的爆炸促销，以及向对方发动相应法律行动。法律行动正日益成为扰乱竞争对手的最普遍被运用的方法。

第09章　市场竞争：销售是场攻城略地的战斗

方太厨具：追随市场甘当老二

自1996年以来，方太厨具从国内200多家吸油烟机行业最后一名跃至第2名，已经连续在市场上刮起了4股方太旋风，连续4年保持市场增长率第一，经济增长率第一。而方太董事长茅理翔却说："方太不争第一，甘当老二。"

甘当老二，这是一种策略，还与方太的市场定位有关。方太的市场定位是中高档，从市场占有率来说，中高档是永远当不了第一的，方太可以争第一品牌，但不可以争第一销量。所以，方太董事长茅理翔说："我们要老老实实甘当老二，能长久当老二，就是一个成功者、胜利者。即使哪一天，老大下来，你也不要急于去争老大，肯定会有人去争老大，你还是应该保老二的位置。千万记住：永当老二，才是你的出路。"

明确战略定位，才能当好老二。从1998年开始，方太就坐上了吸油烟机行业的第二把交椅，而这一坐就是4年。这在中国的企业界也是很少见的。

这靠的就是方太的法宝——"不做松散的大蛋糕，宁做坚硬的金刚钻"，具体说来，就是方太的3大战略定位：行业定位——专业化，市场定位——中高档，质量定位——出精品。

市场很大，但一个厂家也不能太贪，一定要选择属于自己的目标市场。当今，独家垄断市场的时代已经结束了，方太选择中高档市场作为自己的目标市场，选择中高档客户作为自己的目标客户，使自己的服务方向明确，精力集中，有利于新品开发与市场定位。所以，方太愿意做个成功的老二！

市场追随者与挑战者不同，它不是向市场主导者发动进攻并图谋取而代之，而是跟随在主导者之后自觉地维持共处局面。

市场追随者营销战略的一个重要特征是追随领导企业的经营行为，提供类似的产品或者服务给购买者，尽力维持行业市场占有率的稳定。这种"自觉共处"状态在资本密集且产品同质的行业（钢铁、化工等）中是很普遍的现象。在这些行业中产品差异性很小，而价格敏感度甚高，随时都有可能发生价格竞争，结果导致两败俱伤。因此，这些行业中的企业通常彼此自觉地不互相争夺客户，不以短期的市场占有率为目标，即效法领先者为市场提供类似的产品，因而市场占有率相当稳定。

市场跟随者必须找到一条不致引起竞争性报复的发展道路。一个市场追随者必须了解如何掌握现有的顾客，并且在新的顾客群中争取更多的顾客。每一个市场追随者都应该设法为其企业带来现实的利益——地理位置、服务、融资等。再者，追随者往往是挑战者的主要攻击目标，因此追随者必须随时保持低的制造成本以及高的产品品质与服务，以免遭受打击。此外，一旦有新的市场出现，追随者更应该积极地进入新市场。不过，追随者并非仅是被动地模仿领导者；相反的，追随者必须自行决定一条不会引发领导者报复的成长途径。

企业在追随市场时，要谨记下面3条策略：

（1）紧密跟随战略，这种战略是在各个细分市场和市场营销组合方面，尽可能仿效领先者。这种跟随者有时好像是挑战者，但只要它不从根本上侵犯到领先者的地位，就不会发生直接冲突，有些甚至被看成是靠拾取领先者的残余谋生的寄生者。

（2）距离跟随战略，这种跟随战略是在主要方面，如目标市场、产品创新、价格水平和分销渠道等方面都追随领先者，但仍与领先者保持若干差异。这种跟随者可通过兼并小企业而使自己发展壮大。

（3）选择跟随战略，这种跟随战略是在某些方面紧跟领先者，而在另一些方面又自行其是。也就是说，它不是盲目跟随，而是择优跟随，在跟随的同时还要发挥自己的独创性，但不进行直接的竞争。这类跟随者之中有些可能发展成为挑战者。

第09章　市场竞争：销售是场攻城略地的战斗

九阳的小家电：找到市场的空白点

相比格兰仕、美的等企业，九阳的实力和知名度可以说与其根本不在一个级别。不过在豆浆机这个行业，九阳的"老大"位置却是坐得很稳的。自1994年九阳公司成立，开始生产豆浆机以来，九阳豆浆机在市场上可谓一枝独秀，市场占有率一直很高。一个新公司能成为一个产品的领跑者，这里面的原因点破了也很简单：很少有人知道，豆浆机本来就是九阳自己发明的。和松下幸之助当年发明电饭锅一样，九阳值得圈点的不在于它发明了一种新产品，而在于它将这个产品做成了一个产业。

应对多家资本力量纷纷涌入小家电的背景，除了规模化竞争策略之外，无疑就是专业化、个性化竞争策略。豆浆、油条是中国人的传统早餐模式。豆浆的饮食文化和功能让九阳豆浆机找到了一个具有普遍需求的新市场，并且将这个市场做到了每年数亿元的规模。作为小家电中一种差异化的边缘产品，九阳靠着豆浆机一炮而红。而1999年的不粘型豆浆机和2001年的熬煮型豆浆机的两次技术变革，让九阳的发展连登两个台阶。此时，九阳早已经成为了家用豆浆机产品的第一品牌。

九阳在小家电领域走了一段不同寻常的路，幸运地创造了一个新行业而且成功了。九阳公司董事长王旭宁认为：豆浆机的成功，一是说明小家电的个性化相对大家电要强，九阳豆浆机仅仅只是差异化产品在市场上成功的个案；二是在这个领域里，没有遇到强有力的竞争对手也是很关键的一个原因。

尝到了利基市场的甜头，九阳的发展思路是继续寻找新的利基市场，各个突破。九阳公司认为：尽管豆浆机市场处在一个稳定增长的态势，而且利润较好，但它毕竟是一个相对较小的产业。于是，在经过一番深思熟虑之后，九阳确立了成为"新鲜小家电第一品牌"的目标，并且从2001

开始尝试电磁炉、搅拌机、紫沙煲等其他小家电品种。发掘消费者对厨房小家电的潜在需求，利用已有庞大的小家电营销网络，再辅以有针对性的营销策略，九阳屡战屡胜。在九阳进入电磁炉领域短短3年时间里，已经站在该产品市场占有率第二的位置上。

在品牌多且杂，集中度不高，市场竞争不充分的小家电市场上，九阳依据利基思维而设计的成长战略，建设着一个又一个具有独特优势的根据地。

市场补缺者也叫市场利基者，即补缺大公司不感兴趣的小细分市场。这类目标市场具有以下特点：一是大公司不感兴趣，否则大公司的进入会使市场补缺者无立足之地；二是这类市场是整个目标市场中的细分市场；三是小的细分市场，细分是多层次的，细分层次越多，其市场规模越小。市场补缺者瞄准的正是这类大公司不感兴趣的小的细分市场。

补缺战略的执行主体往往是弱小者，或者说是中小企业。大企业尽管有时采取补缺战略，但肯定不是该企业的主导战略。进入市场的新企业应一开始就瞄准补缺机会而不是整个市场。新创企业、进入一个新市场的后发企业，应该将补缺战略作为首选战略，甚至是惟一的战略。

站在营销的角度来审视，就会发现市场中成功的补缺者在把握机会时，大致会有这样3种主攻方向，一种是为一个专属的客户群提供商品和服务，如锁定"不循规蹈矩的、反叛的年轻人"并为他们提供多元产品和服务的维珍集团；一种是持之以恒地制造或贩卖独特的产品，创造产品的独特价值，如代表着时尚与潮流的斯沃琪手表；一种是市场突围中成功选择差异化实现路径，如直销模式成就了戴尔的霸业，钟情于外卖的达美乐匹萨一炮打响。

如何发现市场空缺，找到专属客户群，是市场补缺者生存的关键。有以下3种思路可以借鉴。

（1）见缝插针。发现缝隙是对企业的考验和机会。"空隙"市场由于产品服务面比较窄，市场容量不大，大企业因不能形成规模生产而不愿插足该领域，使中小企业既可扩大市场占有率，又可扩大收益率。中小企业只要看准机会，立即"挤"占，"钻进去"，从而形成独特的竞争优势。

（2）无中生有。满足消费者潜在的欲望，或深层的欲望，发现或创造一个全新的市场，并凭借自己足够的资源优势，继而转化为市场优势，这就成为企业获胜的重要法宝之一。毫无疑问，占领市场的最佳途径就是创造市场。理想的市场战略者就是用自己的产品去定位市场。

（3）取而代之。如果企业有能力比竞争对手提供令消费者更满意的产品或服务，那么，该市场就可以作为自己的目标市场。利用竞争对手的弱点，寻找被强势者忽视的消费人群，攻击对手，并取而代之，是利基企业寻找利基市场的又一策略。

9.9元"新飘柔"：价格市场竞争的"工具"

宝洁公司从推出9.9元"新飘柔"，到2006年年底飘柔精华护发素全线7.3折、"潘婷"护发精华素降价19%的促销广告在央视1套、各地方卫视、地方台等黄金时段狂轰乱炸，标志着宝洁公司全面陷入洗发、护发行业价格战的泥潭之中。

一直高昂着头、多年稳居行业销售冠军的"行业教父"，为何发动如此声势浩大的价格战？

在中国市场上，凭借多品牌策略和广告轰炸，一直高歌猛进的宝洁，面对知名及不知名品牌的疯狂围攻和蚕食，步伐开始显得有些沉重：宝洁的品牌影响力在一级市场也受到了严峻考验，中高端消费群体以惊人的速度向"强势竞品和干扰性竞争品牌"分散流失；在二三级市场更是力不从心，首尾难于兼顾。继宝洁公司的"润妍"洗发水黯然退出市场之后。2006年7月面世仅两年的激爽沐浴露也宣布全面退出中国市场，仔细算来，宝洁公司除了刚进入中国时推出的几个品牌之外，这几年陆续推出的新品牌都无一例外地遭受打击，不是无法达到预期目标，就是对市场冲击不够，或者干脆销声匿迹。这一系列的失败打破了宝洁"神话"，"行业教父"的地位名存实亡。

如果不能摆脱这种局面，重振雄风，必将在内部员工、合作伙伴、消费者等层面爆发"信心危机"，因此，宝洁势必背水一战。

由宝洁公司的案例可以看出：一个企业和对手打价格战，往往是由于外部客观形势导致的。当然，也不能排除企业的主观因素起作用。

价格战是一把锋利的"双刃剑"，既能伤别人，也能伤自己；不仅能直"刺"对手"要害"，让其"一剑见血"，而且还往往能"一剑封喉"，从而将对手逼向一隅，甚至直接将竞争对手置于死地。这就是"杀人不见血"的价格战。

对于价格战，很多人的认识往往存在着误区，一提到价格战，意识当中就认为是拼价格，具体到怎样拼价格以及通过价格战来达到什么目的，很多人更是"知其然，但不知其所以然"。因此，要更好地运用价格战来服务于市场与企业，就必须消除对价格战的片面理解和认识，从而建立一套合理、科学的评议价格战的评判体系。

价格战作为一种最原始的营销策略，因其具有杀伤力强、短平快等诸多优点，被广大厂商普遍看好和采用。综观中国消费品行业，尤其是方便食品行业，凡是目前较为知名的企业：从一线品牌康师傅到统一，二线品牌华龙到三太子等，几乎无一不是靠价格战"跟进"或"打"出来的，它们在价格战的"刀光剑影"中"打打杀杀"，共同走向行业和事业的巅峰。

价格战是一种市场"工具"，作为"工具"来说，它没有好、坏之分，不同厂家、不同目的的不同运用，其所产生的结果和效果也截然不同甚至大相径庭。但什么是好的价格战，什么是不好的价格战呢？一般来说，凡是有助于环境净化、有益于行业发展、有利于企业竞争以及战略实现以达到共赢的价格战都是好的价格战。相反，那些低价倾销、投机取巧、扰乱市场秩序、毫无战略意义的价格战便是不好的价格战。

第09章 市场竞争：销售是场攻城略地的战斗

戴尔和索尼的合作：和竞争者双赢

2006年，为从戴尔手中抢夺更多的市场份额，并提升渠道占有率，索尼宣布将向戴尔笔记本用户每位提供500美元的以旧换新补贴，与此同时还将向解决方案提供商支付额外的佣金。

为了扭转过去两个季度业绩增长减缓的势头，戴尔出台了一系列措施，其中也包括为渠道提供的折扣等。索尼立即做出回应，索尼位于美国加州圣何塞的IT产品部门将把补贴活动延续更长的时间。索尼的合作伙伴，解决方案提供商Westwood计算机公司高级客户经理安德鲁·克兰茨表示："我认为这是一项非常好的措施，戴尔为争夺市场不惜采用任何手段。因此，从它手中抢夺市场的任何举措都值得鼓励。"

根据索尼的补贴计划，除为戴尔笔记本用户提供500美元换机补贴外，索尼还将为所有的笔记本用户提供300美元换新机补贴，前提是用户换购其Vaio BX系列笔记本。这一折扣已相当不错，因为Vaio BX系列笔记本的起始售价仅为1171美元。此外，解决方案提供商也可从每台售出的Vaio BX笔记本中获得40美元的额外佣金。索尼表示，无论是换机补贴还是提供给解决方案提供商的佣金两项活动都将延续一段时间。

戴尔是全球第一大PC厂商，在市场份额上遥遥领先于其他竞争对手。但过去一段时间，戴尔的业绩并未达到华尔街的预期。为了借此机会从戴尔手中夺取更多市场，霍华德·斯丁格就任索尼CEO之后对索尼美国IT部门进行了重组。事实上，索尼和戴尔的关系包含竞争与合作两个层面，除了在PC市场相互较劲之外，双方在很多领域还是亲密的盟友。例如，在美国拉斯维加斯举办的国际消费电子展上，斯丁格就邀请戴尔董事会主席迈克尔·戴尔同台参与他的主题演讲；此外，两家公司都坚定支持下一代DVD标准——蓝光标准。

由以上案例可以看出：在现下的经济环境中，两家企业的关系既是竞争者又是合作者。

凡是提供与本企业产品功能相近的产品的生产企业都是竞争者，按照波特的分析框架，将竞争者市场分为：现有竞争者，指已进入市场，生产与企业相似或同类的产品，并拥有一定顾客和市场份额的竞争者；潜在竞争者，新竞争者的加入，有可能对行业内已有企业构成威胁，威胁程度的大小取决于该行业的进入壁垒和现有企业的反应程度；替代品竞争者，当一种产品或服务代替另一种产品或服务时，从现有产品中夺取份额，从而给被替代品生产企业带来很大的威胁。

竞争对手的确可以给企业带来威胁，但合适的对手能够加强而不是削弱企业的竞争地位。合适的竞争对手带来的好处可以归为4个方面：增加竞争优势，改善当前产业结构，协助市场开发，遏止其他企业的进入。激烈的竞争会把竞争对手赶向绝境而招致严重后果。反之，接受"协同"竞争的思维方式，企业与竞争对手寻求共同利益，就可能达到双方的"互惠互利"。

第10章

解决问题：决不把问题留给客户

让客户满意的服务是销售员最重要的武器。"攻心为上"，只要客户满意了，销售给客户产品也就是顺理成章的事了。做好客户服务工作的目的是为了赢得更多的回头客，激发更多的客户进行口碑传递，吸引更多的客户到企业进行消费。只有提供一种超越客户满意的服务，客户才会被感动。

第10章 解决问题：决不把问题留给客户

特种化工企业：把握客户需求安排工作

德固赛是目前世界上规模最大的化工企业，它生产出来的产品质量优越，客户遍及全球各地。除了产品过硬外，在其他的一些地方也是值得许多企业学习的。

德固赛公司的一些高层人员认为，要想在激烈的竞争中立于不败之地，就要懂得不断地创新。市场和客户是创新最重要的原动力，要从客户的角度出发对服务的方式、具体的内容加以创新，但是要想为客户提供详细的、具体的解决方案就需要对客户所希望的事情有所了解，不仅如此还要对目前市场和未来市场做出一定的评估，只有这样才能更好地掌握顾客的需求。

德固赛采用的是一种多渠道接触的合理化工作流程。比如说，德固赛公司所有的部门人员都会定期进行一定的沟通和交流。比如，当德固赛要与汽车行业的相关人员进行交流的时候，就会预测到在不久的将来开车的人可能更多的是妇女和老年人，这就需要汽车生产部门对汽车的安全性能要求得比较严格。于是德固赛就会根据客户的要求，组织专业人员一起为客户开发出一些新的方案。

以上所举的是一个很典型的按照客户的需求合理安排工作的案例。在此案例中，德固赛通过和客户不断地交流与沟通来了解到客户真正的需求，即使是公司的设计师也不可能在最短的时间内通过客服人员了解到客户的最新需求，由此设计出让客户最满意的产品。

现在，如何生产出客户真正需求的产品、如何解决客户的实际问题，已经成为大多数企业高度关注的问题。但是没有多少企业能够真正地及时把握、识别客户需求，这样一来自然也就谈不上解决客户的实际问题了。客户的需求往往具有多变性、复杂性、多样性的特点，这些往往是很难驾驭的，根据这些需求的不断变化提出相应合理的建议那就更难了。因此，就需要我们在众多客户的需求中找出其共有的特性或者是规律，这样一来事情就会好办得多。

面对客户时，销售人员要多想想：同样好的产品为什么在不同的客户那里会产生不同的使用效果和收益？同样的服务话语有的客户为什么满意，有的却不满意？真正的原因就在于：由于产品的科技含量和复杂性在不断增加，而产品使用后的效果和收益不仅仅取决于产品简单的包装、质量，还取决于产品使用时的步骤以及其中的技术含量。这将会是一个系统化和一体化的过程。

我们经常会说到要树立一个"以客户为中心"的服务观，这并不是单纯的买与卖的关系，而是一个从开始了解客户、为客户服务，直到与客户建立起友好的合作关系，最后形成一个比较完善的系统的服务方式。服务对于产品来说是不可缺少的一部分，通过这样一个比较完善的服务体系不仅可以有效地提升公司的业绩还可以提高产品的知名度，从而为企业创造出更大的价值。

EMC鲁特格斯：提出适当解决方案

迈克·鲁特格斯在1988年担任EMC公司业务与客户服务部副总裁，这是他第一次觉得为自己到EMC工作而后悔，所以他每次看见客户都会向客户道歉。

第10章 解决问题：决不把问题留给客户

当时 EMC 公司正面临着破产的边缘。原因是当时有客户反映 EMC 公司生产的磁盘驱动器出了问题。自从这件事情出现后 EMC 之前所生产的价格比较昂贵的计算机全部都无法正常使用，因为那里面所存储的数据都无法被读取出来。

就在这时，鲁特格斯想出了一个能够阻止这场悲剧发生的办法。他向客户提出了两种选择方案：一种方案是 EMC 接受新的存储系统；另一种是用老对手 IBM 的存储系统，但是必须由 EMC 付费。之后，很多的客户都选择了 IBM 的存储系统，这样一来 IBM 成为 EMC 最大的竞争对手，虽然公司未来的命运遭到公司内部人员的质疑，但是以 EMC 以往在业界的口碑，大多数的客户还是信任的。特别是自从鲁特格对质量进行严格的把关后，以前的老顾客又一如既往地购买了他们公司的产品。

后来，由于努力的重点全部放在了客户服务方面，从而使得 EMC 的销售开始逐渐上升。随后，客户定制率高达 99%！鲁特格斯因此也充分认识到客户服务的力量。由于在工作上的出色表现，58 岁的鲁特格斯被提升为 EMC 公司的 CEO。

由 EMC 的案例可以看出：一旦你提出适当解决方案解决了客户的问题，客户就会对你产生信任。如果你能努力持续使用这种解决问题的能力与关系的话，不管发生了什么事，客户都会追随在你左右，这就是客户服务的力量。

只有充分站在客户的角度上生产出他们需要的产品给予他们想要的服务，兑现你的承诺，才能够让客户觉得你是值得信任的。

现代企业经营理念是以"顾客需求为导向"的，这是大家都知道的事情。但是对于很多的企业而言，要想充分做到这点目前还只是站在珠穆朗玛峰的山脚下，才刚刚开始攀爬，只有一步一个脚印并坚持不懈地走下去，才有可能到达光辉的顶点。

当客户遇到困难时，销售人员应该和客户一起共同面对，找出合理的解决方案。只有这样才能够保持一种良好的合作关系。同时也要充分地认识、了解到自己的处境和所要达到的目的，集中精力去解决客户的真实需求。

在给客户提出适当解决方案的过程中，倾听客户想法的环节很重要。在这一环节，你需要倾听客户对你的解决方案的评价。当客户从理解解决方案的角度解释情况时，你应该认真倾听客户对你的解决方案的意见和建议。在你明确了客户的问题之后，最需要注意的一点是：成为解决客户问题的能手和与客户发展关系的行家，把握客户的真实需求。作为销售人员，你应该很有耐心、细致周到、反应迅速，应该站在客户的立场上，用客户的眼光来看问题。

在解决客户的问题时，扎实、全面的业务知识和服务技巧也是销售人员所必备的。否则，即便是再有激情也无法让客户满意而归，甚至要被客户投诉，令客户产生更大的不满和误会。

但有些时候，因为某些客户自己的原因，造成了比较大的损失或者错误简直不能进行补救，解决这种问题就复杂得多了。在这种情况下，需要双方达成都愿意接受的协议。

一些客户往往会提出超出我们能力范围之外的要求，遇到这样的情况我们到底应该怎么办呢？这时，我们就应该从客户的角度出发，并试图这样说："不好意思，您刚刚所提到的要求，不符合我们公司的规定，但是我们一定会尽快找到解决问题的方法。"

最后，千万别忘了告诉客户，"相关的情况已经记录在案，客户服务人员会一直跟进处理您的问题"。要真正为客户提出解决问题的适当方案，销售人员必须以真诚的微笑和诚恳的态度为客户提供优质的服务，从而感动客户，留住客户，增加客户对销售人员的信任。

第10章 解决问题：决不把问题留给客户

晚点的西南航空公司：巧妙获取服务主动

有一次，西南航空公司的飞机正准备从美国密苏里州圣路易斯起飞，飞机里的乘客却得到通知：因为天气比较严寒，飞机需要除冰。3个小时过后冰终于除完了。但这时候，航班飞行员已经超过了美国联邦航空局规定的飞行时限，需要另一名飞行员来接替飞行任务。过了一段时间后，接替任务的飞行员终于找到了，但飞机却需要再次除冰。直到原计划起飞时间过后5个小时，这架飞机才终于离开机场。对于航空公司的客户服务部门来说，这算是一次典型的"灾难"。但那航班上的旅客，却丝毫没有被怠慢的感觉。因为在这次事件中，航空公司的服务人员采取了积极主动的服务，没有消极被动地等待顾客的抱怨。航班的服务人员在过道里来回走动，不断向乘客提供最新的信息。空乘人员也通报转机航班的情况，真的让人感觉他们非常关心旅客。不仅如此，为了表达歉意西南航空公司还为许多旅客寄去了机票礼券，试图补偿飞机延误给他们带来的不便。

在这个案例可以看出：良好的客户服务不仅仅是公司一线或热线中心的工作，它需要公司自上至下进行协调，集合人力、管理和技术资源，并在工作流程设计上把客户的需求放在第一位，积极主动地为客户提供服务。现如今不同企业在同一领域中的技术差异已经在慢慢地减小，拥有一个比较完善的服务体系已经越来越成为一个公司在同行竞争中的重要因素之一。

此外，由于零售业、网上服务和电话等服务渠道的扩大，顾客也对消费中的服务提出了更高要求，希望顺利享受到销售服务。在这种情况下，优化客户服务理念、巧妙获取服务主动对于管理普通员工和满足顾客的需求至关重要。

如何才能做一名优秀的销售人员呢？不要简单地认为这项工作仅仅就是回答问题、解决问题，这是错误的认识。关键是要摆正心态，巧妙获取服务主动，为客户提供最好的服务。销售人员是为客户解决问题的专家，这就需要销售人员不断学习理论知识，不断在工作中去实践。当然只有专业知识还不行，还要有主动性、灵活性、创新性。

商品短缺的时代已成为过去时，这就注定了今天的客户就是"上帝"，营销观念不断转变的今天，已经慢慢从以前的"产品为中心"走向"以客户为中心"，客户对于产品的满意程度和服务人员的服务态度已日益成为企业经营理念的重要组成部分。客户在不同的时期在认知方面会有不同变化，随之在需求方面也就会产生相应的变化。这样的变化就会推动企业所生产出的产品或者服务方式等方面发生相应的变化。对于一个企业来说要想把产品卖出去就必须要有一个良好的服务态度，主动为客户提供服务，关心客户，尽量做到让客户满意。

小熊的销售经验：与各部门积极配合

小熊在线是全国分布最广泛的IT网站，它所提供的服务一直都得到广大客户的认同。当用户在选择相关产品的同时小熊在线就会把相关产品的信息先筛选一遍，这样展现在用户面前的信息都是有价值的，从而能够让用户选择出自己满意的产品。例如：你准备买一台价格在1万元左右的单反相机，这时小熊就会告诉你有哪几种款式供你选择；在什么地方可以买得到；大概在什么价位可以买到。如果用户在外地，小熊在线就会向用户提供一些与本地相关产品的信息，这对于外地的用户来说就方便多了。比如，有的客户想要买某品牌款式的手机，但是这种手机只有在天津才可以买到，这时用户只需要将产品的相关信息贴到网上，小熊在线就会在最短的时间内买到最便宜的手机。因此，小熊的这种"无距离"式服务得到了用户的一致好评。

小熊在线不仅可以使客户充分了解到自己想要了解的信息，也可以买到自己真正想要的产品，不仅方便而且快捷。

如今，小熊已经建立起一套非常完善的服务体系，用户只需要对自己感兴趣的产品轻轻一点，关于产品的所有信息都会一目了然地展现在用户的面前。例如，产品具体的价格是多少；在网上的价格又是多少；产品的信誉度如何，以及网上对于这款产品是怎样评价的……这样简单快捷的方式为小熊留住了大量的用户。而小熊能够取得如此的成功与企业各部门之间完美的配合是分不开的。在信息时代高速发展的今天，为顾客提供服务已不仅仅只靠销售一个部门来独立完成，这需要公司的各个部门进行协助，只有各个部门紧密合作起来，才能够更好地服务于客户。

当今的世界是一个高科技的世界，也是一个合作的世界，作为一名公司的销售人员，单凭一个人是无法完成对客户的服务任务的。公司的命运和利益包含着每一个公司员工的命运和利益，没有哪个员工可以使自己的利益与公司相脱节。以团队的利益优先使其获得更多的利益，这样才有可能使个人得到更多的利益。所以，每个员工都应该具备团队精神，自觉地融入到团队里面，与团队的所有成员共同努力、团结合作。

大多数人都明白团队精神的重要性，但是要想使团队里的每一位人员都能够团结一致合作愉快也不是那么简单的事情。

作为企业的一份子我们都应该对自己的职责和分工有一个明确的认识。在工作中我们都应该尽自己最大的努力做好自己该做的事情。尽管团队中的每一位成员在性格、能力方面都存在差异，或许你在这方面存在优势,但是在另一方面他人的优势就会比你要突出,而某个岗位恰恰只需要一个人。公司最后决定选择他,而把你放在了其他的位置上。这时你的心里或许就会非常不乐意,但是你应该清楚地明白,之所以决定把你放在其他的位置上,是因为你在那一方面有着他人所没有的优势。

老两口买房子:服务客户,满意为上

小徐是某家房地产公司的业务员。有一位老先生嫌自己现在居住的市区来来往往的车太吵而且空气也不是非常好,所以决定在开发区买一套房子,但是让他感到纠结的是不知道究竟该选哪一家的楼盘。

这位老先生的老伴身体不是非常好而且还得了胃病,这点让小徐灵机一动。小徐以追踪反馈信息的名义去登门拜访这老先生,开始小徐只是谈一些保健知识,和老先生说起自己的父亲以前是做中医的对于治疗一些胃病很有一套,老太太便让小徐帮忙让他的父亲写一份治疗胃病的偏方,偏方上说用通心根、白节藕、猪肚子、莲米等炖汤喝最有效果。

第二天,小徐买了中药和新鲜猪肚子送了过去。之后每隔几天小徐就会送几副中药过去。但是却丝毫没有提房子的事情。到第5次上门,老先生拉着小徐说:"闺女呀,多亏你父亲写的那个偏方,我老伴的胃感到好多了,下午我们就去把购房合同签了吧。"

有付出就会有回报,只要是从小徐手里买房子的客户,只要有需要或者是在她能力范围之内的事情她都会尽可能给予帮助,而且那些客户也都会主动为小徐提供信息,介绍买主。正所谓:送人玫瑰,手留余香。

很多时候,销售人员所提供的服务,以及与客户的沟通是否到位都会

第10章 解决问题：决不把问题留给客户

影响甚至决定客户的满意程度。

无论是售前服务还是售后服务，销售人员只有做到全身心地投入，从心里重视每一位客户才能做好销售工作。只要服务好了客户满意了，销售自然而然也就成功了。但是做到让客户满意，这说起来简单做起来就并非是一件容易的事情了。

在技术咨询方面，对于技术设置很多客户都不是特别熟悉，服务人员就要向客户解释，如果服务人员解释一遍客户还不清楚的话，往往就会产生比较烦躁的情绪。这时客户就会不懂装懂，不想让你觉得他很笨而再继续多问。但是你如果换一种方法说："不知道我刚刚的解释还算清楚吗？"这样一来就会为彼此营造出良好的沟通氛围。

当与脾气不好的客户进行沟通时，用婉转的语言指出客户不礼貌的行为也是非常重要的。但是如果遇到那种脾气非常火爆的客户，最重要的就是要尽快地遏制住客户激动的情绪，再一步步引导沟通。

在销售服务的技巧中，提问的技巧也是非常重要的。大多数人都认为，向客户提问题是为了得到答案，但是有的时候也不完全是。有时向客户提问只不过是给客户提供一种发泄的机会而已。

提问的好处：通过对客户进行提问，能够从客户的回答中找到客户想要的答案，从而进一步了解客户真正的想法和需求；而且还可以通过提问来理清自己的思路，这对于销售来说也是非常重要的。"您能描述一下当时的具体情况吗？""您能谈一下您的希望、您的要求吗？"这些问题都是为了理清自己的思路，让自己清楚地了解到客户想要的是什么，只有这样你才知道你能够给予什么。客户服务人员应该有效地利用提问的技巧，使客户所有的注意力都集中在自己所提的问题上面，跟着自己的思路慢慢地向前走。

> **讲故事**
> 说出销售力

菲律宾的饭店：高效地处理投诉

　　小李在菲律宾找到一家度假中心，这里的环境真的非常好。一楼房间的落地窗一推开，就可以到一个非常大的礁湖中游泳，放眼望去有沙洲、有椰林，再加上一望无际波光粼粼的水波，风景真是棒极了。于是小李就决定在这里多住上几天。但是万万没有想到的是第二天早上打开窗户，原来的一大池水全不见了？映入眼前的却是几个工作人员手中正拿着轰隆直响的清洁机器，站在池里来回地工作着。小李看看身上的泳装，于是决定打电话问清楚。

　　过了两分钟后，饭店的经理亲自回了电话说："李小姐，首先，真的非常感谢您能够打电话过来告诉我们您的不满，这样我们才会有一个改进的机会。这的确是我们的失误，由于客房通知系统出了一些故障，没有及时将泳池定期清理的消息通知您，为此给您带来的不便我感到万分的抱歉。"小李听到这番话后感觉经理的态度还是非常诚恳的。

　　经理继续说："我知道您之所以会选择敝饭店，是因为我们的景观以及戏水的方便性，为了由衷表达我的歉意，昨天晚上的房价帮你打5折。但是由于这池子太大了清理起来不是一时半会就可以完事的，可能需要两三天的时间，我知道即使打折也不可能弥补你不能够游泳的缺憾。要不这样，如果不会造成你太大不便的话，在接下来的这几天时间里，我很乐意为你准备私人别墅，里面有自己的露天泳池及按摩池，不知您意下如何？"

　　听到经理这样说小李原先的不满一扫而空，此时的心情只能用心花怒放来形容。搬进别墅的当晚，小李正泡在泳池里抬头赏月，服务人员敲门

第10章 解决问题：决不把问题留给客户

送过来一瓶不错的红酒，说是经理的特别问候，希望她玩得愉快。

从一个企业长远发展的角度来看，不断创新是企业的活力源泉。那么到底该如何创新，在哪一方面进行创新改革？这是至关重要的问题。大多数的企业都会要求服务人员多多聆听客户的意见或者建议，并把这些意见或者建议正确地传达给公司上层，并据此采取相应的解决方案。客户意见就是企业创新的源泉，不断创新能够为企业创造更多的经营价值，促进企业更好更快地发展。

企业在经营过程中遇到客户的投诉是在所难免的事情，但是对待客户投诉的态度是非常重要的。没有经验的人员在处理投诉的时候，以为只要跟客户说了"对不起"就可以简单了事，但是实际上，道歉跟承担责任二者并不能混为一谈。客户也并非都是对的，但是更重要的是，要尽快帮助客户解决其投诉的问题，这才是重点。

顾客投诉的目的就是希望他所反映的问题能够得到快速的解决。还希望他所投诉的的事情能够得到企业的重视和关注。快速地处理顾客投诉并且有个让客户满意的结果，能够有效地为企业赢得客户的心。

解决问题的前提就是倾听。在倾听客户投诉的时候，不仅要听他所不满的问题是什么，还要关注他的语气与语调，这样可以有助于掌握客户的内在情绪。

对于一些情绪比较激动的客户，这时就应该表示理解。需要记住的是：在客户的心里是把你作为倾诉的对象，所以客户发火是完全有理由的，客户所反映的问题理应得到最高效合理的解决。所以，你应该让客户觉得他所提出的问题你们是非常重视的，并会快速地加以解决。

在弄清楚客户所提的问题后，一定要高效地解决，解决事情的态度一定要诚恳和谦恭。

在处理投诉问题的过程中往往会遇到牵涉的部门太多，从而导致我们不能够很快拿出解决问题的方案，如果出现这样的情况应该如何解决呢？

最好的方法就是把事情发展的最新动态及时反馈给客户，这样做的目的就是使客户放心。所以在处理复杂的客户投诉时，每天最好向客户反馈一到两次。

不要觉得帮客户处理完问题之后就万事大吉了，你还需要做的就是抓住这次机会把投诉的客户变成忠实的客户。在双方就问题的处理方案达成一致的同时，再向客户真诚地道歉，并对他使用本公司的产品和服务表示由衷的感谢。所以"善终"比"善始"更重要。

投诉问题能够积极高效地处理，不仅能够避免给企业带来不必要的麻烦，而且还能在积极高效处理投诉问题的同时挽回客户对企业的信任，使得企业有一个良好的口碑，从而有更多忠实的客户。

在处理客户投诉时客户服务人员应该避免犯一些低级的错误，首先，应该避免用命令的口吻和客户交谈。其次，拒绝的态度要友好。当告诉客户你自己不能做某些事情时，不要说"这件事情不在我的管辖范围内"，而要说"这件事情我会找人来帮您处理，请您稍等片刻好吗？""这件事我们有专门的负责人员，我把电话号码给您好吗？"。

总之，处理顾客投诉的问题需要充分了解顾客真正不满的原因，随之再采取相应的解决方法。

第 11 章

保证回款：
一分不少地拿回你的钱

提及回款，不管是业务新人还是销售老将，千言万语都归结为一个字：难。做得好，它是业务员平步青云的垫脚石；做得不好，它就是业务员寝食难安的紧箍咒。如果你用丰厚的利润去诱惑你的客户，用数据去说服他，用柔情去感动他，给他适当施加压力，帮他打开销售通道，挤压他的资金空间。最后，客户也只得抓紧回款。

第11章 保证回款：一分不少地拿回你的钱

张先生的回款术：找到原因回款就不难

张先生是某公司的区域销售经理。在旺季还没有来临的前几个月，其所在区域客户因库存过大和竞品强力挤压停止回款。无论张先生绞尽脑汁想什么办法，客户丢下的只有"没钱可回"四个字。

在巨大的销售压力之下，张先生并没有坐视不管，而是想方设法跟客户达成协议：由张先生亲自帮助其分销，压下去多少货，收回多少钱，全部专款专用投给本品牌。

张先生拉着客户公司的业务员一道开始疯狂拜访市场：结合下游每个客户特点，帮助其制定要货计划，又以旺季即将来临货源紧张为由，逼催分销商尽早提货。分销商听他分析得头头是道，边上又有客户公司的业务员现身说法，也都积极响应，从而顺利地完成当月回款任务。

在这个案例中，张经理没有消极地等待客户回款，而是在分析了客户回不了款的原因之后，全力帮助客户进行销售工作。这样，就顺利地拿到了回款。

分析困难是解决困难的第一步。销售回款为什么这么难，是由诸多因素造成的。即有客户的原因，也有自身层面的原因。

1. 厂家自身原因

（1）厂家制定的相关政策、投入的资源不能够与区域市场销售节奏规律相符合，或者是自己没有太大的优势吸引不了客户，不能很好地满足客户需求，这样一来回款困难是必然的。

（2）厂家出台的相关回款政策、投入的资源，一般来说要求都是比较高的,对于那些实力比较强的客户或许非常轻松就可以做到,但是对于有些客户而言却是非常困难的事情。

(3)对于客户所反映的一些问题,厂家没有及时处理,给客户造成了损失。

(4)公司进行频繁的人事变动,业务人员之前对客户做过的承诺、答应过的事情由于人员的调动又再一次变成了问题。像这种情况客户是不能够接受的,自然也就不会回款。

(5)公司所给予的支持力度不够,相关支持不到位。经常听到客户抱怨,"这么大的一个区域,你们一年里才做了几次活动?""人家某某品牌,支持的力度可比你们大多了!""很简单,回款可以,但是条件是你们的支持力度再加大点"。

(6)业务人员的专业素养和职业技能不到位。见到客户自乱阵脚,谈话时不懂得技巧。

2. 客户层面的原因

(1)没资金。有限的资金被分割得七零八落:自身开卖场,运营需要很大一部分;进行投资,如房产、百货、茶楼、买门面房、搞运输,占用很大一部分;货铺给大卖场大终端、赊销给下游网络,沉淀很大一部分;仓库一大堆库存,残损产品、售前产品没有及时处理等等,也会占用很多资金。各方面运营稍微出现点问题,回款就倍感吃力。

(2)有钱,但不想因为回款占用资金。客户的心态:永远是从厂家拿最好的政策,要最多的资源,最好能达到零库存销售。如果有大堆库存,发生仓储费用,还得承担厂家降价、市场滞销、产生破损等风险。

(3)竞争对手挤压。都是回款,竞争对手的品牌更有影响力,政策的支持力度更大,传播推广更多,产品品质口碑更好。在各厂家竞争激烈的争斗中,客户有限的资金当然会优先选择更好的厂家。

(4)市场不振。库存积压,分销业务难做。业务员平时很难见着,见面就要回款,客户见到就恼火。

（5）客户以回款要挟厂家。市场有限、品牌繁多、竞争激烈、商业地位高的客户，政策不先谈好、支持不到位、问题不及时解决掉，想要客户回款，更是难上加难。

（6）客户心理因素。有类客户缺少安全感，业务人员"追"得越紧，客户的口袋就捂得越紧。

还有一些特殊情况，比如客户打算转行或退出，或者正值工商税务年检、查账，都有可能导致客户一时回不了款。

在实际操作中，回款难的不正常表现通常有以下几种形式：

1. 坏账或呆账，不能回款或者零回款

有些销售渠道像流通渠道、零售终端、大卖场、餐饮终端等，由于一些特殊原因，比如经营不善带来的一些店面转让、商店关门等，造成一些款项再也不能收回。

2. 能回款但饱受折磨

货款虽然最终也能结回来，但由于经销商或厂家的一些因素，比如送货不及时、服务不周等，客户故意刁难，有钱不给，直到你精疲力竭，方才一点点给你。

3. 能回款但久拖不决

由于产品的特性以及品牌力影响等原因，比如产品销量小、使用周期长等，造成一些产品在回款过程中，回款时间相对较长。

4. 能回款但一波三折

一些客户抓住厂商运营中的"短板"或"缺陷"进行要挟，比如要求开增值税发票、要求给予一定折扣、要求给予支持活动等，否则就要产品"下柜"或借故不予结款，对厂商进行"威胁"或"恐吓"，从而让回款过程充满曲折。

在市场运作中，还有一些行业"潜规则"，以及"公关"与"处事"等因素的影响，从而出现回款时的诸多困难，也是回款难的一些不正常表现。

赵老板的10万回款：抓住重点双管齐下

地点：经销商赵老板的办公室。人物：业务员小周，经销商赵老板。

赵老板："小周，你们最近有没有什么好的政策啊？"

小周："哎呀，您要不说这件事，我还真的是忘得一干二净了。您那都是道听途说的，我们的政策还能有什么变化，不要弄得这么紧张。"

赵老板："那现在的政策到底是什么？"

小周："还是和以前一样每个月返利，按照这个幅度来返还。"

赵老板："这个政策是刘经理定的吗？我已经好长时间没有看到他了。"

小周："他还在那个部门当经理，不过也有些官僚了。"

赵老板："你别说他，其实谁当了领导都是这样的，要不你试试？"

小周："这还需要您的大力支持才可以啊，您不上量，我怎么能上去？"

赵老板："呵，要上量还不简单？只要多做促销不就可以了。"

小周："应该怎么搞促销？对于这个月来说您只差5万就可以达到返利最高要求3个点了，赵总，这是多么的可惜啊。"

赵老板非常激动地说："是啊……可是……要不我再回款10万，你看看能否再为我多争取点促销费用，让销量升上去，你看怎么样？"

小周："赵总，回款办好了没有？要不我现在就去拿？"

赵老板："那个问题我已经交代给了财务，但是不知道办得怎么样了？"

小周："赵总啊，公司大了，人员难管理了！"

第11章　保证回款：一分不少地拿回你的钱

赵老板："小周，瞧你这话说的。"

小周："像办款这样的小事情不是应该主动向您汇报的吗？还需要您亲自过问。"

赵老板："小周，我是和你开玩笑的，您别介意。"

几天过后，小周再次来到了经销商赵老板的办公室。

小周："赵总，怎么只有8万啊？"

赵老板："真的非常抱歉，可是昨天公司账上只有6万现金，剩下的2万还是借钱凑得，你要体谅我啊，小兄弟。"

小周："可是我已经在领导那里立过军令状了，我怕……"

赵老板："没事，我给刘经理打个电话，不就差2万吗？没什么大不了的！"

小周："真的吗，真是非常感谢，你也应该多和我们领导聊聊天。"

赵老板给小周的领导刘经理打电话。

赵老板："你好，刘总，我是创新实业老赵。"

刘经理："赵总，好久不见了，真是不好意思，好长时间都没有去探望您了，不会兴师问罪来了吧？呵呵！"

赵经理："怎么敢？刘总，就是打个电话来培养培养感情。和你商议件事，不知小周和你说了没有，就是关于那回款和促销的事情。"

刘经理："难道回款和促销的事情出了什么纰漏？小周可是给我打过保票的，你一定能再回款10万，难道？"

赵老板："没事，小周已经把支票拿走了。刘总，这个月我回的款已经很多了，货已近堆满仓库，你就多多地给些促销支持吧。"

刘经理："呵呵，赵总啊，放心吧，促销的事情小周自然会安排的。"

结果，赵老板在第二天就把2万款项打到了小周所在公司的账户上了。

小周通过层层挤压最后终于争取到赵老板的全部回款，当赵老板当初答应回款10万元没有完全兑现的时候，小周抓住了事情的关键：找赵老板解决。当赵老板和刘经理谈起促销的时候,刘经理反推给赵老板去找小周解决。赵老板之前的8万汇票已被小周拿走了,现在因为2万块钱而损失了促销支持就得不偿失了,只好再将那2万回款补齐。

有的销售人员销售工作做得非常好,回款却总是迟迟不到位。也有的销售人员因为回款而影响销售。

根据回款和销售情况可以将销售人员分成以下4种类型:

1. 销售与回款双赢型

这类销售人员的目的是为了回款,在销售的过程中能够灵活巧妙地把握销售与回款的轻重环节,严格遵守现款现货的规则,只要拿到钱才算是销售真正的结束。

现在大多数企业都在贯彻落实现款现货这一经营策略,以便可以避免客户因为这样或那样的问题,给公司造成不必要的损失。在这样的情况下都会要求工作人员必须要为回款而努力,如市场推广、终端维护、渠道开发、账务处理等等基础工作,都是为了产品能够更好地销售出去,因为只有产品销售出去了才会有更多的回款。

2. 重铺货轻回款型

这类销售人员为了将销售的产品更迅速地推入市场或者为了完成公司下达的指标,一般会把产品转移到客户的仓库中,而客户自身的销售能力不足,最后导致货物积压于仓库;有些客户的信誉度不高,喜欢随意拖欠货款;或者是专款不专用,而用于其他的地方,最后造成回款困难。

3. 销售与回款都不理想型

这类销售人员可能自身的能力不是太强,或者遇到难缠的客户彼此的沟通不到位,所以产品的销售和回款都不是特别的理想。

4. 因回款影响销售型

这类销售人员可能没有及时掌握客户的信息,虽然产品的销量是非常可观的,但是客户的款子最终被竞争对手抢了过去,最后由于没有货款而使自己的企业不能够正常发货销售;或者是因为企业的政策、资源的不到位使客户不愿意按时回款，最后使产品的销售受到影响。销售人员做好回款工作，是销售中至关重要的一部分。

为了使销售人员的回款过程顺利地进行，直到最后把回款拿到手，就需要销售人员四管齐下。所谓的四管齐下简单来说就是把回款流程分解成四个部分，层层深入、个个击破。

1. 抓住控制点

在回款的过程中销售人员要善于抓住客户的控制点，所谓的抓住控制点既可以是抓住对方薄弱的地方进行出击，也可以是重复利用自己的优势给予还击。只有这样才能够取得胜利，让客户毫无搏击之力，如本节中小周的案例就是很好地抓住了这一点。

2. 回款过程要监督

在客户答应回款之后，销售人员最好是得等到客户最后把汇票办好，拿到汇票后再离开。或者是离开之后，多打几个电话询问一下情况，对客户回款的过程进行有效监督。

3. 承诺易打折

不要太容易相信客户给予的承诺，因为承诺很简单，但是要想把它变成现实真的很困难。甚至有的客户即使白纸黑字签下合同都不一定有效，更何况是一个口头的承诺。

4. 要有预见性

要做到面面俱到，考虑的事情要周全，对事情要有预见性。例如，客户有的时候可能会突然改变主意，或者会突然问一个你不是非常了解的问题。如果所有情况都在你的意料之中，虽然没有充分掌握事情的来龙去脉，也可能将事情推向一个良好的发展方向。

经销商在耍赖：应对呆赖，清除障碍

某公司销售东区发来一份传真，向销售部王部长汇报了经销商林老板的收款情况，并谈了下一步行动的意见。原来，经销商林老板已经有半年时间没有与公司进行业务往来了，没有发货，也没有回款。现在，东区业务经理李经理走访了林老板，并试图清理该客户。但是，林老板提出要继续进行业务往来，要求发A、B、C三个产品的货，以前的货款及本次一起分两次结算，一次是年底，另一次是来年的第一季度。否则，就不给以前的货款了。

显然，李经理知道林老板在耍赖，所以在传真上说：该客户是呆赖客户，该客户目前所欠的货款是1.6万元，每次发货都必须打一次货款，这样一来之前所欠的货款才会逐步付清。

王部长就此事向公司张总进行了汇报，也谈了自己的看法："要想收回林老板的全部货款，只有继续进行业务往来；如果不进行业务往来，货款只怕难以全部收回。"

张总听后说："如果是这样的话，那么我们双方必须明确地说清楚。第一，在还款方面必须签订一个还款协议，明确规定什么时间必须将欠款还清；第二，必须签订新的合同，明确双方的责任，防止客户再度耍赖。"

几天过后，王部长将与经销商林老板的业务进展情况向公司进行了汇报：对于林老板之前所欠的货款李经理已经按照合同上所要求的规定与林老板谈了，对方同意签还款协议和签订新的合同，而且对方已经先还了5000元的货款。在传真文件上王部长这样写道：客户还是有一定诚意的，

第11章 保证回款：一分不少地拿回你的钱

现在可以发货，请张总指示。

张总收到传真后仔细地阅读了还款协议书和合同后，发现里面依然存在问题：一是对于之前所欠的 1.6 万元的货款现如今只还回 5000 元，而且还是分两次结算，这样的协议又能有多少诚意？二是合同的付款条件上说必须货到 3 天后回款 70%，这样一来，之前所欠的货款只能年底结算 1 万元。所以说还款协议还是存在一定问题的。

张总对王部长语重心长地讲："想要做生意没问题，但是对于之前的欠款必须要在年底之前逐步还清。二是现在的业务要想继续下去就必须严格按照合同上的要求来做。三是合同上最起码要有对方的银行户头和账号。"同时，张总让王部长继续和经销商林老板保持联系，要求李经理一定要在一些原则性的问题上和林老板谈清楚。

作为销售人员，在谈判时一定要坚定自己的立场，有明确的态度。大多数公司的业务往来都会涉及到经济问题，但是如果对那些明显存在风险的问题没有及时处理的话，只会将风险进一步扩大。所以在涉及到经济问题的时候不能够有半点马虎，要明确坚定自己的立场，否则会损害公司的利益。对于像以上案例中的客户，我们不能对其抱有不切实际的幻想，试图通过业务往来把货款收清。而是步步深入，最后将剩余的货款逐步追回。大多数公司在与客户打交道的时候不免都会遇到"呆赖客户"。遇到后往往会陷入两难的境地：不给新的货物，不但之前的货款难以收回而且产品的销售量也不断下降，这对销售人员来说都是不希望看到的；如果继续发货的话，客户手里的货款和货物将会越来越多，这样一来就有可能给公司带来更大的损失。正所谓"不卖是等死，卖了是找死"。

这样难缠的的客户一直以来都是困扰销售人员的大问题。对这样的客户我们不能心软。在处理这样问题的同时，我们必须判断客户真正"赖账"的原因是什么，以便"对症下药"。一般来说，客户既不主动进行交易也不结清之前的欠款，一般都会有以下几种动机：

1. 客户根本没有诚意继续和本公司合作下去，而之所以欠款是因为想要增加自己手中的流动资金，如果一旦付款的话就意味着自己手中的流动资金减少。说得简单一点，就是利用你的钱替他办事。

2. 客户有意继续经营本公司产品，但是在资金上出现了严重的短缺，这可能会存在三种情况：因为客户本身经营不善，在财务管理方面出现了很大的危机；经营范围的扩大造成应付账款激增；下线客户的欠款实在太多，使流动资金非常紧缺。

3. 客户虽然可以继续经营本公司的产品，也有一定的信心，但是由于以下原因想通过"欠款"来增加和本公司谈判的筹码：

（1）公司之前承诺过的费用"补偿"直到现在还没有兑现；

（2）与公司的业务代表在之前的合同上有些地方还存在着争议，尚未解决。

不同的客户需要用不同的方法去对待，我们即不能够"一棒子打翻一船人"，也不能去纵容迁就。

首先，对于那些根本就没有意向和公司合作的客户，如果之前还有欠债没有还清，最好的办法就是对其实施各种方法"讨债"，实在不可行就准备打官司，以此来尽量减小公司的损失。无论你采用什么样的方法，要记住的是对于这样的客户你千万不要抱有任何希望和任何侥幸心理，以后也不要再和这样的客户合作，否则，窟窿只能越补越大。对于那些因为资金周转不开的客户而出现账期拖延的问题，应该小心处理。如果客户自己的运作状况比较良好，生产、销售、物流、市场推广都比较正常并有所发展，就可以采取比较积极的处理方式。比如在客户承诺还款计划的基础上继续供货，但原则上"应收账款"不能再有新的增加。

如果客户的资金运转困难是由于自己不合理的运作所造成的，那么对这样的客户就应该高度注意了。可在客户承诺还款计划的基础上继续供货，但原则上"应收账款"必须逐步减少。

而对于那些有意拖欠货款的客户，最好的解决方法就是先解决他们所提出的问题和抱怨，比如让销售经理、总经理亲自拜访客户，说不定欠款就会迎刃而解了。面对客户的抱怨最不应该的就是视而不见，同时还不断地欠款出货，到时候客户手中的筹码越来越多，自己最后就彻底地处于被动地位。

食品公司的三大措施：把握自身做好回款

在浙江有一家民营企业名叫贝欧曼食品公司，自成立以来发展十分迅速。但是万万没有想到的是在2005年的时候，财务报表上显示企业的累计应收账款达到3000万元，企业将出现严重的现金危机。

因此，企业立马召开高层会议商议如何解决前期的货款回收和后期的回款管理。经过商议后决定采取3大措施，在这3大措施实行后仅仅用了6个月的时间就成功地收回了中间商之前拖欠的货款，并使得之前混乱的市场秩序得到了有效整治，企业由此步入了正常的发展轨道。

第一步，贝欧曼公司决定从销售网络开始入手，根据对以往各个区域的市场销量进行深入的分析，将投入与产出比严重失调的市场大刀阔斧地砍掉，将全国100多家的分公司缩减为30多家。在销售渠道上坚守渠道的管理层，采取扁平化，这样一来就会简化回款程序降低管理成本，使各部门的权责更加明确。

第二步，贝欧曼公司在调整市场结构的同时，对中间商也采取了相应的措施。对于那些销售能力差、信誉比较低而且拖欠货款达到一定额度的经销商，取消其经销权，查收其现有的销售货物并且将这些货物运往比近的市场销售，对于那些拖欠货款的经销商明确一个还款时间或采取法律途径，使其在商界名誉扫地，今后没人敢与其合作。对于那些开发能力比较强，有一定实力和影响力的经销商，给个明确的还款时间并且规定在没有还清货款的情况下不可享受丰厚的回报，以利诱之，不仅可以稳定经销商同时也能将之前拖欠的货款收回来。

第三步，制定一项《营销分公司经销商管理规定》（以下简称《规定》），以便公司的总部能够更加全面、及时地掌握经销商的经销情况，确保对经销商进行连续性的管理，对其开展的每一笔业务进行全程跟踪。这样能够有效地避免公司的损失，同时为公司后续产品提供一个良好的平台。《规定》中首先明确规定了经销商档案的内容：一份合同和三份资料。这三份资料是：《经销商基本情况表》，主要包含经销商的一些基本信息，如经销商的实力、资金、在周边的影响力等基础情况；《经销商月度评价表》，主要的内容就是经销商最近几个月的业务来往状况；《经销商销售状况分析表》，对于分销网络状况尽心分析，以便于能够做出及时的调整。

此外，《规定》还对"销量的变化情况"、"应收账款"、"价格的变动"、"销售的分类"、"信用的评估"等方面做出了详细的规定：

1. 销量的变化情况：对经销商的销售量与市场的销售量进行一个大体的测算，一旦经销商拥有货物的数量与计划的销售量之间相差比较大的话，分公司就必须立即展开调查，弄明白经销商的这种情况是属于业务增长还是有向外窜货迹象。面对经销商正常的业务变动，分公司应该相应地调整对其供货计划；如果是不正常的变动，就应该立即停止对其发放货物。

2. 应收账款：在这方面公司做出了明确的规定，当月发出的货物在当月必须回款，如果没有全部将货款收回就必须制定相应的催款计划。及时收回货款，同时也应该使得供货量与回款量保持一定的平衡。

3. 价格变动：价格直接关系到产销双方的利益和公司产品的生命力。

第11章 保证回款：一分不少地拿回你的钱

因此，公司必须对产品售价负责，在验收供货价格的同时高度关注经销商的批发价。如果发现批发价与合同上的规定有差距，应该及时与其取得联系，进行沟通。

4.信用的评估：对于那些信用度比较低的经销商，必须控制对其的发货量，同时进行经营资格调查。如果在调查中发现不合格的话，在保证货款全部收回的前提下，与其终止业务合作。

贝欧曼公司出台的《规定》，在管理体系方面解决了以前货款回收难的问题，提高了货款的回收速度。

对于现如今的大企业来说，如何将货款快速收回已经不是一件特别困难的事情，事前预警、事中控制、事后弥补，在每一个环节都能找到一大堆制度和流程。然而，不良应收账款的数字还是"蹭、蹭"渐长。

虽然企业的ERP系统、信用额度，在财务、物流、分销上实施的过程控制也能有效地减少回款中的问题，但是仍然免不了追讨应收账款的问题。对于销售人员来说，掌握一定的回款技巧是必须的。

首先要从源头上杜绝大量应收账款的产生。销售人员对于新开发的客户或没有把握的老客户，无论是代销或赊销，交易的金额都不宜过大，这是杜绝呆、坏账的前提。销售人员应该多跑几趟路，多结几次账，多磨几次嘴皮，不能图方便省事，把大批货物交给对方代销或赊销。销售员们都有这样的经验：一些新客户，一开口就要大量进货，并且不问质量，不问价格，不提任何附加条件，对卖方提出的所有要求都满口应承，这样的客户风险最大。

其次，销售人员对于回款拖拖拉拉、不干脆的经销商，在收款前，先打电话予以提醒。在收款日期到来前一定要提前拜访，到了约定的收款时间，销售人员上门的时间一定要提早，这是收款的一个诀窍。否则客户可能会说："我等了你好久你没有来，我就把钱做其他用了。"登门催款时，不要看到客户处有另外的客人就走开，一定要说明来意，专门在旁边等候，这本身就是一种很有效的催款方式。因为客户不希望他的客人看到债主登门，这样做会搞砸他别的生意，或者在亲朋好友面前没有面子。在这种情况下，只要所欠不多，一般会赶快还款，打发你了事。拜访时，首先提出收款的目的，未达目的可暂时不提交易之事。销售人员得知对方手头上有现金或账户上刚好进一笔款时，就应即刻赶去抓住机会让对方回款。

再次，不以感情本位行动，应以讨账本位面对经销商。为预防客户拖欠货款，销售人员应该在交易当时就规定清楚交易条件，尤其是对收款日期做没有任何弹性的规定。例如，有的代销合同或收据上写着"售完后付款"，只要客户还有一件货物没有卖完，他就可以名正言顺地不付货款；还有的合同或收据上写着"×月以后付款"，这样的规定今后也容易成空头承诺。另外，交易条件不能由双方口头约定，必须使用书面形式（如合同、契约、收据等），并加盖客户单位的合同专用章。有些客户在合同或收据上仅盖上经手人的私章，几个月或半年之后再去结账时，对方有可能说，这个人早就走了，他签的合同不能代表我们单位；有的甚至说我们单位根本没有这个人。如果加盖的是单位的合同专用章，无论经手人在与不在，对方都无法赖账。

回款是一项技术性很强的工作，即便是一些经验丰富的销售经理，也难免会在回款工作中表现出某种程度的怯弱。为了推动回款工作的开展，企业要加强对销售人员的回款技能培训。

第11章 保证回款：一分不少地拿回你的钱

冰箱销售代表的改变：拉近关系好回款

销售代表陈诚灰头土脸的一个人坐在沙发上，他的心情简直是糟糕透了，因为作为销售代表的他总是和客户搞不好关系，每次都被整得灰头土脸，实在是混不下去了。但是由于领导特殊照顾，陈诚又被调到了其他的区域。他想到领导对他如此有信心，不为别的只为给自己争口气，同样的错误绝对不能够再犯第二次，想到这里陈诚就浑身是劲。于是他拿起电话准备给本市最大的客户周总打个电话，一来表示尊重给其留下个好的印象，二来显示自己的专业形象，这样有利于今后工作的开展。

对话内容是这样的：

"您好，周总，我是新调过来的区域经理陈诚，由于最近公司在人事方面做了一些调整，所以由我负责本区域的冰箱业务开展工作。您看我能否和您约个时间见一面，主要谈一谈产品的订货、回款、库存处理等方面的一些问题，不知您意下如何？"

周总："噢，您好！但是真的不好意思，我这几天真的有点忙，你看要不改天吧！"

陈诚："那好吧，您看您哪一天有时间呢！"

周总："你如果有时间的话就到我办公室门口看看，要是我在的话你就进来！"

陈诚一听到这话就火冒三丈，但是怕影响到业务的开展，所以就强忍着不满说："好的，非常感谢，周总。"

陈诚在随后的几天都在周总的办公室或者是商场附近溜达，希望能够看到周总，但是总也看不见周总的身影，于是又按耐不住给周总打了个电话:"周总啊,真不好意思,又打扰您了,不知道您会开得怎么样啦?"

周总:"恐怕还要有一天呢。"

陈诚:"唉呀,周总啊!您这样真的不行啊,您总不能让我天天等吧!我也是刚刚调过来还有很多事情需要去处理,现在已经是中旬了如果货款再不及时办理的话,这个月的促销政策可能真没什么指望啦,我也要考虑一下您的忠诚度了!"

陈诚话还没有说完,对方就已经将电话挂断了,陈诚气得火冒三丈。

陈诚觉得非常郁闷,于是就和朋友说出了心中的不快。朋友听过后说:"你初到别人的地盘就想让别人听你的,你觉得可能吗?所以说你要和别人把关系搞好,尤其是在打电话的时候,一定要注意自己的语气,营造一个和谐的气氛,用尊重的称呼、谦虚的语气把你此次打电话的目的表达清楚。只有这样别人才有可能接受从而愿意给你机会,如果表达不清楚的话就很容易引起误会。我想周总是误会你的意思了,他以为你在他面前装腔作势,自然而然会给你下马威。"陈诚听了朋友的一席话之后仔细地想了想,也许是因为自己专业话语的味道太重从而拉开了彼此间的距离,造成沟通上的障碍。于是,陈诚决定上门拜访周总。

陈诚:"周总,想拜访您这位商界的老大哥真的是太难啦!久仰您的大名,一直想向您学习,现在终于有机会了还请您多多指教。"

周总:"哈哈,真是人不可貌相啊!小兄弟比在电话中会说话多了。"

陈诚这时才明白,原来是由于不恰当的表达方式让周总误会了。

陈诚:"真的非常抱歉,我只是想把这个月主要的业务政策通知您,没想到越急越乱。"

周总:"没关系,我代表我们公司由衷地感谢你们公司多年来为我们提供的大力支持,如今你们有何促销政策?"

陈诚:"通过这几天在您商场周围的观察,发现这里的人流量还是比较大的,销售量也非常大。"

周总:"这个是当然的,一旦做起活动将会有非常大的销售量。"

第11章　保证回款：一分不少地拿回你的钱

陈诚："您说的有道理，要不我再向公司申请给您多派两名销售人员，还有……"说到这里陈诚故意停顿了一下。

周总知道陈诚一定在卖关子。

陈诚："还有，本月我为您做了60台冰箱进货计划！"

周总："你没搞错吧，60台冰箱啊？"

陈诚："周总，您先不要激动，先看下计划，这是我送给您的特别礼物！"

周总看着进货计划，说："这还差不多，凭我对你们公司的支持，这20台独家买断型号的特价机，还是具有一定说服力的。"

陈诚："您对我们公司的支持，我们一直铭记在心，领导还千叮咛万嘱咐，要我一定配合好周总的工作。"

周总："那就这样决定了，我明天就把货款打过去，但是我惟一的条件就是你一定要确保这款机型是我卖场独家经销，否则……"

第二天，周总如约将货款打到了公司的账户上。

通过这个案例，我们看出不同的处事方法就会产生不同的结果：陈诚由于一开始说话不懂正确的方式方法，而碰了满鼻子灰；最后在朋友的指导下，亲自登门拜访，进一步拉近彼此之间的距离，从而成功地拿到了回款。

在销售过程中业务人员的能力是非常重要的，它是影响工作进展的一个非常重要的条件。如何面对不同喜好、不同性格的客户，使彼此达成一致，顺利回款，这是一项专业性非常强的工作。

一项销售业务只有将全部的货款顺利收回才意味着真正完成。一个公司能否高效运转取决于它的回款、销售、进货能不能顺利地完成。有的人认为一个成功的业务人员最重要的就是收款而不是进行业务公关。

从业务员自身的角度来说，只有将业务货款清回，公司才给予奖励。而往往有奖励就会有惩罚，对于那些回款延期的业务员，公司也要进行罚款。因此业务员只有保证货款的及时回收才能保证个人的收入。一些客户回款困难是在所难免的，所以销售人员要积极地去面对，遇到问题要找出解决的方法，只要用点心，这也不是一件特别困难的事情。

（1）在向客户催款之前说清楚你此次的来意，尽量让客户配合你的工作，同时让客户明白积极配合你工作的益处。

（2）催款时要注意时间与场合。对于那些非常难缠的客户一定要注意方式方法，实在不行的话一定要很严厉地向其要款。有些客户往往喜欢为自己找借口，例如，"那天我等了好长时间，结果看你还没有来我就走了"，像这样的情况首先要向其约定一个具体的时间。

（3）销售人员要清楚地明白一点：在向客户要钱时只有像挤牙膏那样才能够将客户的货款结回。

总之，当对方拖拖拉拉，不想付款时，一定要表明自己的立场和想要收回货款的决心。到了万不得已的时候可以通过法律途径解决。

第 12 章

客户管理：
和客户关系越好，销售越给力

招来客户，不等于拥有客户。持久地拥有客户才能有巨大的销售力，所以，要做好老客户的管理工作。只有对老客户不断地进行追踪服务，才能真正了解客户的需求从而让客户购买你的产品。同时，只有不断增加与老客户的感情，才能使老客户更加信任你。

第12章　客户管理：和客户关系越好，销售越给力

IBM客户服务中心：对客户的追踪调查

IBM是国际商用机器公司的简称，从1990年开始，IBM在全球范围内制定了"以客户为中心"的市场发展战略，IBM特地建立了一个客户服务中心，这个中心的成员全部经过专业的训练，能更好地了解客户的需求。对于那些处于不同地区和行业的客户，IBM公司对全球的营销部门及服务部门提出了不同的要求和策略，以便更好地了解客户的需求，为客户服务。

在企业内部，IBM大力倡导走近客户，花大量时间跟踪客户需求，用心去倾听客户的建议和意见，对于这些意见和建议会有专门的人员来处理协调。针对客户所反映的意见和建议建立一个信息管理平台，将有关客户的资源整合在一个数据库中，仔细地加以分析。

在这个案例中，IBM提出了客户需求跟踪的一般方法。建立客户服务中心，由训练有素的客户服务人员了解客户的需求变化，这样有利于实现对客户需求的跟踪，客户的需求要详细记录，对跟踪到的客户的需求要差别对待。

当服务人员与客户第一次进行沟通时，也许彼此会达成交易，也许会由于某些原因导致交易失败，但是这都不是最后的结果。作为服务人员永远都会处在与客户的沟通之中。所以每一次的成功与失败都不是最后的结果，除非你仅仅满足于眼前的状况。但是如果你有了明确的目标，往往结果又是截然不同的，这时你就会为了这个目标而去努力，你就会取得更大的成就。

有经验的销售人员都非常乐意在追踪准客户身上花很多时间，一旦这些客户被列入自己的实现范围之内，销售人员就会对他们锲而不舍地追踪

到底。对于不同的人其追踪的技巧是不同的。聪明的销售人员在开始的时候都会将准客户作为追踪的对象，渐渐地就会将准客户的朋友纳为新的追踪目标，从而达到不断开拓准客户的目的。

提供跟踪服务的目的就是为了让客户多次购买你的产品。每单服务结束的时候你就应该主动与你的客户取得联系，由衷地感谢他使用本公司的服务，同时让他在产品或者服务方面提出一些宝贵的意见和建议。除了这种跟踪服务以外，还有以下几种跟踪服务方式：

（1）首先，你应该让客户知道你的公司一直都是很乐意为他服务的，而且作为服务人员不管你用什么样的方式都应该清楚地让客户知道你为他做过什么，在为客户服务之后你可以给客户打电话或者是发传真，告知客户他所交代的事情已经办妥让他不用担心，只有这样客户才会觉得你为他所做的工作并不是一种自吹自擂的表现。

（2）要常常给你的老客户发邮件，聊一聊最近发生的一些比较有趣的事情，以此来增加感情。

（3）随着信息化时代的快速发展，互联网虽然使人们交往起来更加方便，但是人与人之间的距离变得越来越远。如果有些问题需要和客户面谈，那么你就应该提前发个邮件向他说明。而不是只在电话中谈工作，努力让你和客户的关系个人化。

（4）不要忘了在一些重要的节日给你的老客户发短信或者是寄卡片说声节日快乐，并在上面署上你的名字。适当地送一些比较能够引起客户兴趣的小礼物，也是跟踪服务的一种方式。这将对你以后的业务大有帮助。

以前的一些老客户对你来说将会是一笔潜在的巨大财富，所以在与他们交往时不要仅仅拘泥于一些常规的交往方式，多想办法追踪服务。这时你将会发现他们会为你推荐新的客户，这样你新的业务自然而然就开始了。

如果当你因为与客户之间的合作结束后与客户失去联系的话，那么无论之前你们合作得多么成功，你最后都会失去这些客户。这一点也不夸张，试想一下：经过你的努力与客户达成了交易，但是在交易过后就不与客户保持联系，甚至当产品发生问题时你都本着一副不关我事的态度，那么客户以后再有什么需求时就不会再考虑购买你的产品，因为在客户的心目中觉得你不再可靠，随着时间的推移自然而然就会将你忘记。

华源祥商贸有限公司：建立客户回访机制

近几年来保健品行业发展得非常迅速，对于这个行业来说产品是可以重复消费的，对客户的回访是至关重要的。

山东省著名的保健品营销代理公司华源祥商贸有限公司，其所营销的产品主要是天宇保健茶，其销售的方式是通过药店对外销售，在济南目前就有20多家药店。

公司对与每一位客户的沟通过程都利用公司的CRM系统进行全程记录，该系统还根据客户的订单自动生成回访计划，这样就可以很好地提醒服务人员进行有计划的回访。在还未进行回访之前，服务人员可以在CRM系统中查找到有关客户的信息，服务人员就会更好地与客户进行交流。CRM中对产品进行了重复购买周期的设置，当录入订单时，系统可以记录其购买产品的数量和日期，方便服务人员对客户进行回访。

客户回访不仅是提升客户满意度的重要方法，对于企业来说客户回访是一项至关重要的内容，不但可以得到客户的认同而且还会为企业创造更多的价值。

在客户回访之前，对客户要进行仔细的分析，其分析的方法有许多，例如，按照客户的来源可分为，广告宣传、老客户推荐、自主开发等；按照客户的地域可分为，国外、国内、天津、广东等；也可将客户按其属性划分类型，如合作伙伴、供应商、直接客户等。客户细分完成后，对不同的客户应该针对性地制定不同的回访计划，提高对客户的服务效率从而为客户提供更好的服务。

确定了客户的类别以后，要去了解客户真正的需求是什么，从而更好地满足客户的需求。

越来越多的企业都会为客户制定定期的回访制度，这不仅可以了解客户对产品的使用情况，还可以了解到在使用过程中的一些问题。只有通过这种方式我们才知道客户在想什么、需要什么、我们所能够给予的又是什么。只有得到客户充分的配合我们才能够提高服务能力，只有这样企业才会发展得越来越好。

大多数企业利用销售的周期来给客户做回访记录，这样一来可以让客户感觉到企业的诚信与信任。对于定期的回访来说，回访的时间一定要把握好，例如以产品售出的一周、两周、三周……为时间段做定期回访，在回访的过程中如果遇到问题一定要及时解决。在解决这些问题之前，客户在心里难免会产生抱怨，此时你不妨试试以下的方法！

在回访的时候正好赶上过节时，你可以给客户送上一些祝福的话语，这样不仅能够拉近与客户之间的距离，而且还可以让客户产生一些优越感。

向客户提供超出他期望范围之外的服务，从而提高客户对企业的赞美度，这是最好的客户回访效应。客户对产品的需求是持之以恒的，销售也是持之以恒的，通过对客户的回访，解决回访过程中出现的一些问题，从而进一步将问题解决，这样既可以借助老客户的口碑来提升新的销售增长，也可以将客户关系管理成本降到最低。

建立和运用数据库系统是一个企业建立客户回访制度很重要的方法，例如，利用 CRM 系统可以查找到有关客户的一些信息，再根据这些信息对客户做针对性的回访。如果可能的话，最好是将那些还没有成交客户的资料进行收集并归类。

提高业绩的捷径就是，无论是那些成交的客户还是未成交的客户我们都需要进行回访。在什么时间对什么样的客户进行回访都必须制定相应的计划，对于回访的内容要做详细的记录，长此以往才能够使企业的销售业绩得以增长。

在客户回访过程中遇到客户抱怨是在所难免的事情，对待那些抱怨的

第12章　客户管理：和客户关系越好，销售越给力

客户不仅要将客户的抱怨平息下去，还需要了解客户抱怨的真正原因，这样才能够掌握主动权。企业应该专门建立一个意见搜集中心，让客户充分说出自己不满的问题是什么，然后再将这些问题进行分类，例如：由于产品的质量太差，价格太高，功能不齐全或者是对于服务人员的服务态度不满意（服务的能力欠缺，不守时），等等。在解决客户问题的过程中可以对此过程加以总结然后再加以改正，使产品或者服务做到最好而且还可以提高产品的质量，扩大产品使用范围，更好地满足客户需求。

大多数的公司对于客户的回访一般都是要求客户填写表格，填完之后再寄回企业。然而，对客户做回访不是一次做完就可以了事，它是一个循序渐进的过程，而每一次所调查的结果都是不一样的，所以要建立一个让客户满意的调查数据库然后再进行分析，这样才能够更加有效地提升客户回访服务工作的效率。

微软的客户服务系统：有一个完善服务的反馈系统

在微软的客户服务系统里，企业除了要求员工要悉心聆听客户意见外，微软的软件也会自动地将客户的一些意见或建议收集起来。在很多年前，当 Office 开发者不知道应该将哪些功能放进常用工具栏时，Office 的程序员就决定做出一套与众不同的软件，这套软件在得到用户允许的情况下，记录着客户平时最常用的一些功能，然后将这些信息传送到微软。最后，对这些数据加以分析，开发者就会知道到底应该放入什么样的功能才会对客户有利。

微软把这个技术应用到了所有产品的身上。不管遇到什么样的问题微软的任何软件都会对其进行数据的搜索，并且在得到客户的允许之下将这些信息传到总部的服务器，以此来帮助开发人员对软件进行测试。通过这

样的技术，WindowsXP在仅仅推出一个月后，微软就能够把用户碰到的一半问题很好地解决掉，然后再通过网络将所有需要的客户进行软件的升级。此类工作集中体现了公司的创新精神以及借助软件技术解决问题的目标，当然也体现了微软完善的服务反馈系统的优越性。

事实上，许许多多的老客户都是通过销售工作完成后与销售人员进行有效的沟通才能够保持彼此之间长久的联系。聪明的服务人员也都会在完成建议之后通过服务反馈系统来对客户关系进行有效的管理。

一个成功的企业都会为客户提供良好的售后服务和完善的服务反馈机制，这样做对企业来说是十分有利的。比如可以提升企业在客户心中的良好形象，减少客户的不满情绪，可以借助老客户对产品的口碑开发那些潜在的客户，等等。

企业对客户的每一起投诉和每一条建议都不能慢慢地解决，而是要把客户反映的所有信息都系统地收集起来，找出问题的共性有针对性地去加以解决，客户与企业打交道的过程中，不仅客户反馈的总量在变化，而且所反馈的内容和性质也在不断发生变化，所以说企业的关注点也必须要有所变化。

如亲自拜访客户，这种方法虽然消耗大量的时间和精力，但是效果却是非常好的，这样做能够与客户面对面地进行交流，从而拉近彼此之间的距离。

在很多时候，打一个电话可能比发一封电子邮件迅速得多。但是有些客户可能更喜欢使用电子邮件，因此找到一个对的方式与客户进行沟通，他们可能会更高兴一点。

当企业的经营战略与策略有所变动的时候，应该将变化信息传递给客户，以便客户能够顺利地开展工作。与此同时，应该将客户对企业产品或者服务方面的一些建议或意见及时收集上来，以便于今后企业在工作过程中加以改进。这样一来，一方面可以使客户更加清楚地知道企业的经营意图，另一方面可以根据客户需求的变化来有效调整企业的营销策略，如，广告的发放、对客户的奖励政策、开展一些促销活动等，另外还包括产品的一些相关信息，如价格的变动、产品的研发等信息。在与客户联系的过程中如果每次都是用相同的理由，用不了几次，客户就会反感。所以一个最有效的方法就是，不时地变换联系理由。要明白，只要你所提供的信息对客户是有帮助的，客户都不会拒你于千里之外。大多数的客户都希望多了解一些与自己有关的信息。因此，对于公司所举办的促销活动可以有选择性地邀请客户参加，从而为客户提供更多与公司产品和业务相关的各种资料，关心客户最新的采购需求，从而把有关的信息及时地向公司反映，这些都是完善服务反馈系统行之有效的措施。

吉拉德的顾客档案：赢得回头客的技巧

吉拉德作为汽车代理经销商他每年所卖出的汽车比任何一位经销商都多。有的时候甚至比前一年的汽车销售量要多出两倍以上。当有人问吉拉德有没有什么销售秘诀时，他坦率地说："除了每个月要寄出 1.5 万张卡片。最重要的是我对于每一位客户都建立一份销售档案，我相信真正的销售应该在于售后……"

吉拉德每个月都会寄出不同颜色、不同格式的信封包装的信件，这样才不会在客户没有拆开信封之前信就无情地被扔进垃圾桶里。等客户打开信封一看，开头就写道："尊敬的先生……祝您节日快乐！吉拉德敬贺。"这是很不错的方式。吉拉德自豪地说："在我给客户建立的档案里面都会清楚地记录着他们的一些爱好，我会根据这些爱好给他们寄不同的卡片，而这些卡片都是独一无二的。"吉拉德做出这些精心的安排赢得了客户的一致好评，并且许许多多的客户还介绍自己的朋友来吉拉德这儿买车。

销售是直接与消费者面对面地进行沟通，所以怎样才能够给消费者留下美好的印象并且使得消费者购买其产品，这乃是其生存与发展的关键所在。而人与人之间往往都存在着差异，每个人都有自己的行为习惯。即使你所提供的产品或者服务再好，如果不能够迎合客户的爱好那也是白搭，更不用说给客户留下美好的印象。

对于客户来说，最好的服务就是能够满足他们自己的需求，而吉拉德正是做到了这一点，才能够取得如此大的成功。但是吉拉德究竟是怎样做到这一点的呢？或许是为客户建立档案并善于利用这些信息是他最大的优势。

为客户建立档案，看起来似乎是一项繁琐又看不到直接经济效益的工作，但是它的潜在意义是不可小觑的。它可以赢得消费者的心为企业今后的发展奠定坚实的基础，而在信息化时代高速发展的今天，这项工作操作起来就更加的方便了。

吉拉德用行动向消费者证明他的做法并不是什么虚情假意的噱头，而是本着对消费者的一份责任，是一种高明的销售技巧的自然流露。吉拉德说："一个出色的厨师，当还没有为客户准备美味的食物时，就应该想到怎样的材料搭配才能够使得客户吃了更加健康。当客户有什么样的要求时，我会尽全力提供最佳服务……我必须像个医生一样，客户身体的哪一部分感到不舒服，我也为他感到难过，我会尽我最大的努力去帮助他。当见到一个老客户的时候就如同看到一个老朋友那样感到亲切，有了档案记录的那些信息的帮助我至少不会对他们一无所知，甚至像看到陌生人一样。这样一来也避免了一些不必要的麻烦，有利于工作顺利地开展。"

你现在还为怎样留住那些老客户而感到烦恼吗？你是否想过为他们建立一个档案？那就赶快行动起来吧！也许这些最简单的方法正是你不能够忽视的销售技巧。

第12章 客户管理：和客户关系越好，销售越给力

中国建设银行：对大客户的特殊服务

新兴金融产品中的银行卡深受广大客户的青睐，自1989年中国建设银行发行龙卡至今，赢得了广大客户的信任。随着社会的高速发展持卡人对于龙卡的要求也越来越高，尤其是那些收入、学历、文化素质、社会地位比较高的客户，目前对于大多数银行所提供的服务都不是非常的满意。中国建设银行在对大客户实行专门服务的同时不断完善服务体系，打造国内新型的大客户服务概念。

（1）对于中国建设银行来说那些大客户是其业务的主要利润来源，因此建行专门成立了一个部门负责大客户工作，研究他们的需求。

（2）同时建行为那些大客户每人配备专门的客户经理，这些客户经理都要以书面的方式将自己的姓名、联系电话等相关信息通知给大客户。

（3）与此同时还为大客户提供个性化的差别服务，每个客户经理都会根据客户的不同情况，参与客户的投资、理财计划，例如，会根据不同的需求为其设计不同的计划方案。

（4）建行充分考虑到了每位客户都存在不同的特点，特地采取有效的激励措施。对那些具有特殊贡献的大客户赠送保险、家政服务、旅游、体育休闲等活动，为他们举办不同形式的联谊会组织他们参加有针对性的活动等。

以上是一个非常典型的大客户维护案例，建行在充分了解到这些大客户的重要性之后，推行了一系列针对大客户的特殊服务工作并且为此还建立了一些保障机制，以便针对这些大客户的特殊服务得到真正落实。通过开展的这一系列措施，建行龙卡在中国信用卡市场上取得了龙头老大的地位。

与大客户进行合作已经成为企业战略规划的一个重要组成部分。这不仅仅意味着一句口号，而是为大客户提供各种各样的相关服务，使其能

够成为企业文化的一部分，增加企业的投资回报率使其顺利地达成服务目标。

许多大客户对价格优势的需求往往小于对附加价值的需求。比如，大客户比较中意特别的保证条款、优先发运、预先的信息沟通、电子数据交换、顾客定制化的产品及有效的保养、维修和升级服务等。与此同时要与大客户管理人员、销售代表及相关人员保持良好的合作关系，这对激发大客户的忠诚度是非常重要的。

在一些细小的方面上，在关于维护与大客户之间的关系上也有很多的技巧，比如，服务人员可以通过打电话、发邮件、送产品资料等方式告诉大客户一些关于企业产品的最新动态，以此来满足客户对信息的需求，这样大客户就可以随时掌握产品的有关信息。

在为那些大客户设计管理方案时，可能会面对许许多多潜在的问题，一般包括以下问题：如何组建大客户管理机构？大客户管理部门应在组织中处于什么样的地位？对于大客户的挑选应该有什么样的要求？如何对他们进行管理？如何开发、管理和评估客户经理？

对于那些大客户所提出的特殊要求，在企业内部应该建立起一个专门的服务管理机制，与大客户进行日常的沟通和交流，这点是非常必要的，这样不仅能掌握大客户的一举一动，还可以对其进行有效的牵制。在具体实行的过程中企业可以根据大客户的数量相应地配备大客户经理。通常来说有一定的权利就要相应地承担一定的义务，大客户经理也是如此，其主要职责包括：了解顾客决策流程；提供具有竞争力的情报；销售谈判；协调顾客服务；把握合同要点；发展和培养顾客的业务等。大客户经理同时也可以动员企业中其他的工作人员一起来满足顾客的需求。

作为大客户经理和服务代表要常常与大客户进行深度沟通，主动上门征求大客户的意见和建议，并对那些意见及时给予解决和满足。与此同时还要及时发现大客户的问题和潜在需求，加强与大客户之间的情感沟通。同时企业还可以以座谈会的方式定期地组织大客户各个部门、各个层级之间深度交流，建立相互信任的伙伴关系。

企业还可以通过问卷调查或者打电话咨询等方式对大客户的满意情况

第12章　客户管理：和客户关系越好，销售越给力

进行调查，以了解大客户对公司各方面的印象。测试可以分为：非常满意、满意、不满意、非常不满意。如果客户觉得不满意的话还要写出不满意的原因是什么。只有这样才能更好地改进，让那些大客户觉得企业对他们的满意程度是非常重视的，才能有效防止大客户的流失和叛离。

在各方面允许的情况下，企业可以向大客户派驻专门的服务代表或聘请大客户方人员担任此职。大客户经理与大客户之间无论怎么亲近，总是会存在一定的距离，这样就不能够很好进行沟通，所以为了不让竞争对手有机可乘向大客户派专门的服务代表或聘请大客户方人员是解决这一问题最有效的方法，而且大客户有任何风吹草动，都能够掌握得一清二楚，大客户有什么样的问题服务代表也能随时解决。

没有结束的销售：售后跟进，客户持久

王伟是一家家电公司的销售员，主要销售洗衣机、冰箱、电视机等大件家电产品。每次只要客户一订货王伟都会将产品送到客户的家里，并且按照客户要求的位置将产品放好。王伟对于售后服务跟进也是非常重视，常常打电话问客户对产品的使用情况有什么意见或建议，如有客户告知需要维修，王伟也会以最快的速度将其修好。

相比之下另一家公司的销售人员陈刚，同样也提供送货上门的服务，但是往往只将货送到了门口就了事了；如果客户需要上门维修，总是三催四请迟迟没有给解决，即使修好了没过多长时间就又开始出现毛病了。

最巧的是，王伟的一位客户和陈刚的客户刚好住在一个小区并且相互认识，在闲聊中就说起了家电方面的事情，陈刚的客户听完王伟的客户的介绍，感慨万千。经过介绍陈刚的客户见到了王伟，亲身体验了一下他的售后服务。从那以后陈刚的客户每次只要遇到亲戚朋友需购买电器时都会将他们介绍给王伟。

所谓的售后服务就是产品售出后的服务。在现如今如此激烈的竞争中，优质的售后服务是至关重要的，生产出来的产品卖到客户手里，并不代表就完事了。如果售后服务做得不好，客户迟早会离你远去，而怎样才能够争夺到竞争对手的客户，售后服务的质量是关键。

在推销中，有两种结果是销售人员常常遇到的：与客户的交易要么成功要么失败。而对于销售人员来说交易成功固然是值得高兴的事情，交易失败也不要沮丧，一次失败并不能代表今后也会失败。只要树立起信心仍能创造出成交机会。所以，销售人员无论交易是否能够成功，都要进行"跟进"。所谓的跟进指的是在成交阶段后，无论成交与否，销售人员对顾客所持的一种态度和进一步提供的服务。跟进的作用往往表现在以下几个方面：

（1）销售人员在交易失败后能够自我进行检讨，为改进今后的工作提高成功机会作参考。

（2）能够使得客户在交易成功后得到真正的满足，从而为今后重复购买奠定坚实的基础。

（3）希望顾客在成交失败后能对销售人员及企业留下美好深刻的印象，为今后销售成功创造机会。

"跟进"是"成交"不可或缺的连续行为，二者必须有效地配合起来才能够更好地满足客户的需求，成交只是顾客和销售人员对销售的建议达成一致的看法，而这种一致的看法只是一时的，要想真正使顾客在成交后获得满足，就需要销售人员在服务方面不断跟进。

跟进的方式有以下几种：

（1）表示感谢。在与客户交易成功时，销售人员要找一个恰当的时间和方式向客户表示感谢。致谢的方式可以是打电话、写卡片、登门拜访等。

（2）检验交货。如果是销售人员亲自将货送给客户，在送货之前应该对产品进行最后的检验。如看看有没有损坏的地方，如果有的话就需要立即更换，以免给客户造成不良的印象。如果是由其他人送货，销售人员应该及时与负责交货的人员取得联系。同时对货物做好检查并核对订单，避免发生问题。

交货完毕后,应该打个电话询问客户的使用情况,若发生什么问题,应及早解决。销售人员之所以对货物要进行检查有以下3个好处:一是保证满意交货,二是维持企业信誉,三是避免因交货失误而引发顾客不满。

(3)测试安装。对于需要技术性人员负责安装的机械或工程等,销售人员在安装的过程除了应该对安装进度和工程情况格外注意外,在完成安装后,还要亲自检查一遍,使其运转正常。

(4)训练养护。客户对新上市结构比较复杂的产品,了解的都不是太具体,所以在与客户交易后应该给予使用操作指导和说明。若不能够依照产品中规定的步骤来执行,小则导致故障,使商品应有的功能不能够得到全面的发挥;大则造成伤害或危害生命等不幸事件。另外,产品维修和保养方面的知识应该传授给客户。这些都是销售人员的责任和义务,在某些特殊商品的销售方面,常被视为商品实体的延伸部分,容不得有半点的马虎和忽视。

(5)请证信函。当顾客对一切跟进表示满意之后,销售人员就应该要求客户对其购买的产品做出相应的评价,有了客户满意的证明对于今后工作的开展也具有极大的作用。通过售后跟进才能够有效地建立起业务关系,跟进不但使推销业绩得到保证,而且为日后扩大销售奠定了基础。

(6)诱导顾客重复购买。重复购买,不仅是客户之前购买产品满意的体现还是下次再买的先决条件。由于销售人员采取跟进策略成功,达到了客户的满意给予再一次购买的保证。交易的失败对于很多销售人员来说已经是家常便饭,但一个优秀的销售人员往往能够变不利为有利,死中求生、败中求胜。

同时,销售人员无论是交易成功或者是失败之后,都要自我检讨,好的地方继续保持,不好的地方要及时改正,汲取教训,有益于今后的成功。销售人员还要善于采用跟进策略,努力转败为胜。只有这样才能够做一个成功的销售人员。

奇瑞公司的服务：对客户服务品牌化

2001年奇瑞轿车开始慢慢进入人们的视野，而售后服务则成为奇瑞轿车参与市场竞争最强有力的武器。一直以来，面对竞争如此激烈的市场，奇瑞公司先后提出将"服务无边、满意有度、诚信为本、终生朋友"定为服务宗旨，将"主动、快捷、有效、满意"作为执行准则，将"真心、真情、真行动"作为服务方针。

2006年3月15日，奇瑞公司在北京颁布了"快乐体验"服务品牌，这一举动标志着奇瑞服务从此进入品牌管理的新纪元。

奇瑞作为一个新的品牌，不像别的品牌有着坚实的基础，坚实的靠山，完全是从零开始，这就意味着要比别人付出更多的努力，经过几年的不断努力，奇瑞售后服务这方面的成就是有目共睹的。

自2001年奇瑞举办"夏季送清凉"服务活动以来，4年过后，奇瑞又推出了"服务无极限、假日快乐新体验"一系列春季服务活动；"清凉有约、快乐新体验"夏季活动；"金秋有礼四重奏、快乐服务新体验"等。每年奇瑞都会根据不同的季节推出不同的服务活动，这已经成为奇瑞最具特色的服务产品之一。为了更好地满足客户的需求，奇瑞推出了"用户恳谈会"这一沟通形式以便于更好地倾听用户的心声。

2001年以来，奇瑞在每年一些比较传统的节日里都会通过服务站邀请用户聚集在一起，与他们零距离接触，以此来拉近彼此之间的距离，认真地向他们询问对奇瑞有什么样的意见或者是建议，以便将来为客户提供他们想要的服务、制造他们喜爱的轿车。"用户恳谈会"这种方式已成为奇瑞一项基本的制度。为了能够让所有的客户都能对奇瑞汽车的维修保养知识、服务动态有所了解，奇瑞为消费者，每月出版两期服务半月刊并且在全国500个奇瑞特约维修站分发，与此同时还提供了与用户沟通的新平台。

第12章 客户管理：和客户关系越好，销售越给力

至今，奇瑞服务站网络已发展至近500家，服务网络覆盖31个省、直辖市、310个地级和72个县级市，其中销售与服务一体342家，专营服务的188家。在同行业内，奇瑞服务网络数量及密度已上升到行业先进水平。网络数量的大增，市场上服务及时性和方便性也得到快速提高。

2006年，奇瑞启动了"样板服务站工程"，使得20家优秀服务商在500家销售服务商中脱颖而出，使得奇瑞的形象全新、全面地提高。随后奇瑞再次升级，如果出现什么问题用户随时可拨打的"400-883-8888"客户服务热线，完全改变了只能固定电话拨打的局限。

奇瑞的案例充分说明了：一个企业各个部门共同执行的市场营销策略就是服务品牌化策略。与那些汽车工业比较发达的国家相比，我国的汽车行业还处于刚刚起步阶段，在售后服务这一方面的发展任重而道远。从整个汽车工业的发展趋势来看，今后汽车行业的竞争是一种包含了价格、质量、售后服务及品牌形象等在内的综合能力的竞争。谁能够尽快提升本品牌的综合能力，谁就在竞争中处于优势地位，汽车厂家与经销商建立品牌形象、提高市场份额的手段是品牌化的售后服务来决定的，但是虽然如此，仅仅从车主的角度来讲，品牌化的售后服务可以达到消费者与厂家、经销商的"双赢"，从而使整个汽车行业慢慢步入正轨。

服务品牌化，是指服务机构建立自己的各种服务品牌并利用品牌来促进营销，也就是品牌营销。由于品牌是有形的，服务品牌化是服务的一种有形化，品牌化策略也是服务的一种有形化策略。